KB274872

외교관이 보는 세계경제

-세계화와 국제경제 관리체제-

이경렬 · 박흥경 · 이형종 · 권태용 · 서상표 · 유창호

견종호 · 최영배 · 박종한 · 최재하 · 김지준 · 이동규 공저

서문당

외교관이 보는 세계경제

값 10,000원

2002년 11월 10일 초판 인쇄
2002년 11월 15일 초판 발행

글 쓴 이 / 이 경 렬 외
펴 낸 이 / 최 석 로
펴 낸 곳 / 서 문 당
주소 / 서울시 마포구 성산동 54-18호
전화 / 322—4916~8 팩스 / 322—9154
창업일자 / 1968. 12. 24
등록일자 / 2001. 1. 10
등록번호 / 제10-2093
SeoMoonDang Publishing Co. 2002

ISBN 89-7243-184-2

* 잘못된 책은 바꾸어 드립니다

서 문

　최근 국제경제는 세계화의 급속한 진전에 따라 국가간 무역, 투자, 금융거래의 장벽이 허물어지면서 경제활동의 폭과 깊이가 심화되고 경제 이슈가 다양화되는 한편 사회 구성원의 이해가 직접 전면에 부상하는 특징을 가지고 있다. 무역, 투자, 금융거래의 자유화는 돌이킬 수 없는 역사의 과정으로 인식되고 있으며, 기업과 비정부기구의 영향력이 정부의 그것을 능가하는 경우도 빈번하게 목격된다. 한편 컴퓨터, 정보통신, 생명공학의 첨단기술 발달도 현대 사회생활과 경제활동의 모습을 근본적으로 변화시키는 요인으로 작용하고 있다.

　20세기 후반 이후 빠른 속도로 진행되어 온 이러한 과정은 인류에게 두 가지 서로 상반된 과제를 제시한다. 하나는 세계경제 통합이 가져오는 경제적 편익과 사회적 후생 증가를 지속적으로 발전시키고 효율적으로 관리하는 일이다. 다른 하나는 세계화, 기술 혁신으로 말미암아 발생하는 부정적인 현상들을 예방하고 치유하는 일이다. 인류가 이 두 과제 중 어느 하나라도 해결책을 제시하지 못한다면 현재의 세계화 과정은 파탄의 지경에 이르게 될 가능성도 있다.

무릇 한 사회의 경제체제는 자연발생적으로 형성되는 것이 아니다. 인간의 의식주를 둘러싼 사회 구성원들간의 얽힌 이해관계가 때로는 투쟁을 거치면서 질서를 찾고 규범을 만들어 가는 과정이 인류 경제사의 흐름이었다. 즉, 정부가 중심이 되든 민간부문이 앞장을 서든 경제생활 각 단계에서 규범과 제도가 형성되기 위해서는 사회 구성원들간 부단하고 세심한 작업과정이 필요하다는 것이다.

제2차 세계대전의 와중인 1944년 ≪The Great Transformation≫이라는 명저를 발표한 Karl Polanyi는 19세기의 자본주의 발달과정을 들여다보면서 시장의 확산에 따른 사회 파괴운동과 사회의 자기 보호를 위한 반운동 사이의 갈등관계 속에서 자본주의 경제체제가 구체화되는 모습을 관찰했다. 시장이라는 악마의 맷돌(Satanic Mill)이 사회의 비시장적인 요소들을 갈아 부수면서 시장에 기초한 가치관과 제도를 만들어내지만, 사회도 스스로를 보호하기 위해 법이나 정부의 개입을 통해 시장 메카니즘의 작동을 제한하고 시장질서 낙오자들을 대상으로 사회보장 장치들을 창출해 낸다. 결국 한 경제체제의 형성과정에서 우리는 기존 사회의 파괴운동과 사회

의 자기 보전운동이 동시에 진행되는 이중운동(double move
ment)을 보게 되는 것이다.

비록 과거보다 훨씬 복잡다기한 모습을 보이지만 현재 세계
경제의 여러 현상도 이러한 이중운동의 본질을 그대로 반영하
고 있다. 세계화만이 유일무이한 생존전략이라고 부르짖는 세
력이 있는가 하면, 세계화의 암울한 측면을 강조하면서 자제
할 것을 촉구하는 반운동도 존재한다. 상품과 서비스, 자본과
노동의 초국경적인 확산을 막지는 못한다 할지라도 상대방 국
가와 국민, 사회와 문화를 존중하도록 규범이 정립될 필요가
있다는 인식도 커지고 있다. 무제한적인 국제자본의 이동과
국제 금융시장의 통합에 따라 금융위기의 빈발 소지가 높아지
고 있는 만큼 금융기관에 대한 조직적인 감독체계를 제대로
세워야 한다는 논의도 무성하다. 세계시장의 통합도 좋지만
아직도 만연하고 있는 세계적 빈곤 문제를 우선적으로 해결하
고 산업화의 어두운 그림자인 환경오염 문제를 시급히 제거해
야 한다는 주장은 이미 오래된 이슈이다. 근자에는 시장 자본
주의의 핵이라고 할 수 있는 기업이 준수해야 할 행동규범을
확대하고 강화하는 추세이며, 기업이나 국제 테러단체가 세계

화를 오용하여 범죄를 일으킬 온갖 가능성에 대해 철저히 대비해야 하는 문제도 대두되었다.

1945년 출판된 ≪Open Society and its Enemies≫라는 기념비적인 작품을 저술한 Karl Popper는 인류의 역사는 개인적인 자유가 신장될 때만이 진정하게 진보하는 것이라고 보면서, 그러기 위해서는 토론과 비판이 허용되는 열린 사회가 구축되어야 한다고 지적했다. 이를 위해서는 파시즘과 공산주의라는 전체주의의 닫힌 논리와 독단에 대항해서 싸워 열린 사회의 덕목을 발전시켜 나가야 한다고 보았다. 이러한 지적은 현대 국제경제 체제의 유지, 발전 문제에도 그대로 적용될 수 있다. 과거 소련의 계획경제 체제와 시장 자본주의 체제가 대립하던 시대에는 자본주의의 성공을 위해 공산체제의 외적 위협을 차단하는 일이 중요한 과제였지만, 지금은 세계화의 부작용을 치유하고 시장의 실패를 극복하기 위해 내부의 적과 싸워야 하는 점이 다를 뿐이다. 즉, 현재의 경제체제가 유지, 발전되기 위해서는 최대 다수에게 세계화의 편익이 돌아가도록 배려하는 열린 체제가 되어야 하며, 이를 위해서는 다시 사회의 어느 한 부문이 자신의 이익만을 고집하는 닫힌 구조를 바꾸어야 하고 빈곤, 환경오염, 금융 위기, 국제 테러, 기업 부정과 같은 내부의 적들을 퇴치해야 한다. 요약하면 세계화 자본주의가 가져오는 혜택을 극대화하고 그 부작용을 최소화하는 것이 21세기를 사는 우리가 안고 있는 최대 과제인 것이다.

협소한 국토와 빈약한 부존자원이라는 물리적 한계를 가지고 있는 우리나라는 지난 40년 동안 일관되게 대외지향적인 경제발전 전략을 추구해 왔다. 이러한 전략은 앞으로도 변할 수 없을 것이며 세계경제의 통합 추세하에서는 더욱 그러하다. 우리가 장래에도 지속적인 성장을 구가하면서 국민의 삶의 질을 향상시켜 나가기 위해서는 국제경제의 조류 변화를 예민하게 관찰하는 동시에, 이에 맞추어 우리 자신의 모습을 성찰하고 개선시켜 나가야 한다. 단순히 저가상품의 수출 확대에 대외전략을 의존하던 시대는 지나갔다. 기업과 금융기관의 체질개선을 통해 일류 경제기반을 만들고 부단한 기술혁신을 통해 생산성과 경쟁력을 드높여야 하며, 경제적 지위에 부합하는 국제적 역할을 성실히 모색해야 한다. 이러한 과정에서 우리는 월드컵 4강 신화에 이어 경제 4강의 현실을 앞당길 수 있을 것이다.

본 책자는 현재 이미 이슈화되어 있거나 가까운 미래에 우리가 직면하게 될 주요 국제경제 사안들을 핵심적인 개념과 논의를 중심으로 정리한 것이다. 총 27개의 주제를 선정한 기준은 각 사안이 얼마나 현 국제경제의 본질적인 추세를 반영하는가에 있었다. 개별 이슈들은 서로 밀접하게 연결되어 있다. 예를 들어 기업지배구조 문제는 기업의 투명성 제고를 위한 국제적 노력과 밀접히 관련되어 있고, 자금세탁 방지와 다국적기업 가이드라인과 연결되며, 후자는 다시 무역과 노동, 부패방지 이슈로 통하게 된다. 본 책자에 소개한 27개 이슈는 현재 국제경제에서 가장 중요하게 취급되는 거시적인 주제들이다. 즉, 이들은 세계화 과정을 둘러싸고 벌어지는 이중운동의 핵심 구성요소이며, 열린 국제경제 체제를 만들기 위해 꼭 해결해야 할 사안들이다. 이제 세계화 심화 추세하에서 한국이 선진 일류경제를 구현해 나가려면 우리 모두 이런 이슈들을 중심으로 한 국제경제의 흐름을 면밀히 살피는 노력이 필요할 것이다.

이 책은 현재의 세계경제 주요 이슈를 알기 쉽게 설명하는데 치중했다. 따라서 앞서 말했듯이 국제경제의 다층적이고

복합적인 측면을 상세히 서술하지는 못했다. 그러나 몇몇 이
슈가 정기간행물이나 경제학 서적에 소개된 경우는 종종 있었
지만 중요한 국제경제 사안이 대부분 망라되어 엮인 것은 이
번이 처음일 것이다. 이 책은 외교통상부 경제기구과 직원들
이 중심이 되어 노력한 결과로 탄생했다. 경제기구과의 소관
업무 분야에 OECD, IMF 등 선진 경제기구가 포함되어 있
기 때문에 직원들은 국제경제에 대한 안목을 단련시킬 기회도
많았다. 평소 바쁜 업무에도 불구하고 틈틈이 시간을 내어 원
고를 작성해 준 직원들에게 감사를 드린다. 각 부분별 원고작
성자는 책자 말미에 첨부했다. 본 책자가 유용하게 활용되기
를 기대한다.

2002년 10월 21일
이 경 렬

차   례

외교관이 보는 세계경제

-세계화와 국제경제 관리체제-

제 1 부

세계화와 관리체제

1. 세계화와 그 도전

이 경 렬

18세기 중반 증기기관의 발명과 더불어 급속히 전개된 산업화 과정(industrialization)은 그후 200여 년의 기간을 통해 인류의 경제활동 양태를 전면적으로 변화시켰다. 생산의 기계화와 노동의 분업에 기반을 둔 대량생산 체제 아래에서 부(富)를 창출하고 축적하게 되었고, 재화와 용역의 자유로운 흐름을 보장하기 위한 제도로서 시장경제 질서가 확고하게 자리를 잡았다. 산업화를 통해 노동의 생산성은 급격히 신장되었으며, 정치·사회·문화 등을 포괄한 모든 분야에서 인간들 간의 관계가 새로이 정립되기에 이르렀다. 우리는 산업혁명(Industrial Revolution)이라는 말로 이러한 질적인 대변혁을 표현한다.

20세기 중반 이후 전개되고 있는 세계화 현상(globalization)은 자본주의 시장경제 질서가 국가나 지역과 같은 물리적 장애에 구애받지 않고 세계 전체를 대상으로 하여 확대되고 있는 모습이라고 이해할 수 있다. 세계화는 경제 분야에 한정된 것은 아니지만 대체로 "재화와 용역, 자본, 기술의 국경간 흐름을 통해 국가간의 상호작용이 증대하는 과정"이다.[1]

---

1) IMF의 Issues Brief <Globalisation : Threat or Opportunity? >(2000.4)

세계화 현상의 단적인 표현은 국가간의 무역 및 투자, 금융시장의 통합이다. 1950년과 비교할 때 1995년의 전세계 무역고는 약 50배, GDP 대비 무역비중은 3배나 성장하였고, 뉴욕-런던 간 전화통화료는 200분의 1로 감소하였다.

세계화는 1980년대 이후, 특히 1990년대 들어 가속화되고 있는데 그 배경으로는 우루과이 라운드 협상 타결에 따른 무역자유화의 확대, 다국적기업의 확산, 금융시장의 자유화와 국내 규제의 완화, 그리고 정보통신 기술의 발달을 꼽을 수 있다. 1988년부터 10년 사이에 전세계의 GDP 대비 무역비중은 약 1.5배, 외국인 직접투자(FDI) 규모는 약 3.2배, 일일 외환거래량은 약 7.9배가 증가하였다. 지금 21세기 초입에 서서 바라볼 때 정보통신 기술은 앞으로도 더 한층 혁신될 것으로 예견되며, 이에 힘입어 세계화 과정 또한 더욱 빠르게 진행될 전망이다.

그러나 세계화는 20세기에 처음 나타난 현상은 아니다. 혹자는 19세기 말과 20세기 초의 유럽이 오늘날보다 세계화가 더 진척되어 있었다고 주장한다. 이들은 주요 선진국의 GDP 대비 무역비중, 자본시장(특히 장기 자본시장) 개방도, 인구이동 등의 측면에서 현재의 국제사회가 반드시 더 세계화되어 있지 않다고 말한다.[2] 그러나 지금의 세계화는 19세기의 그

---

2) 영국의 경우 GDP 대비 무역비중은 1910년 44%였고, 1995년 57% 였다(Martin Wolf, "Will the Nation-State Survive Globalization?"). 또 영국의 1870~1913년 간 GDP 대비 해외 투자액 비율은 평균 4.6%로서 현재 주요 선진국보다 높은 수치이다. 한편 1890년대 10년 동안 해외인구 유입에 의한 인구증가율은 아르헨티나 26%, 호주 17%, 미국 9%였던 데 비하여, 1990년대에는 최고 인구유입국인 미국의 인구증가율(이민에 의한)도 4%에 불과하다.

것과 비교하여 질적으로 큰 차이가 있다. 우선, 오늘의 세계화는 혁신적인 통신, 교통기술의 발전에 의하여 뒷받침되고 있다는 점이다. 특히 인터넷 등 전자통신 수단에 의한 국제금융시장의 통합은 과거 어느 때와 비교할 수 없을 정도로 세계경제를 묶어놓고 있다.

둘째, 현재의 세계화는 각국의 경제자유화 정책과 국제적 제도에 기반을 두고 있다는 점이다. 20세기 전반 경쟁적 보호주의 정책으로 경제적 쇠퇴와 전쟁을 경험한 각국은 2차대전 이후 경제개방과 자유화를 지속적으로 추진하여 왔으며, IMF, 세계은행, WTO 등을 중심으로 각종 국제적 제도를 발전시켜 왔다. 셋째, 오늘의 세계화는 단순히 경제분야뿐 아니라 정치, 문화, 사상 등 모든 분야에 걸쳐 진행되고 있다는 점이다.

세계화는 지구 전체를 하나의 시장으로 엮음으로써 재화와 용역, 생산요소 들의 경쟁을 치열하게 만든다. 이러한 과정에서 세계경제는 성장의 원동력을 얻으며, 전세계의 후생도 증가한다. 그러나 한편으로는 세계화로 인한 문제점과 비용도 발생한다. 이것이 세계화의 도전(challenge)이다. 세계화의 도전현상은 4가지 사항으로 대별할 수 있다. 첫째, 세계화에 잘 적응하고 있는 선진국과 일부 개도국은 혜택을 받고 있는 반면, 많은 개도국은 세계화 과정에서 소외(marginalization)되고 있다. 이에 따라 국가간의 소득 격차는 더욱 확대되고 있으며, 한 국가 내에서도 계층간의 소득격차가 확대되고 있다. 둘째, 투자 및 금융의 자유화로 인해 국제금융기관이 거대화되고 국제자본 흐름이 급격히 증가하였으나, 투기성

단기자본의 국제적 유출입을 적절히 관리하지 못함으로 인해 국제금융시장의 불안정성이 크게 증가하고 있다. 셋째, 세계화는 최소한 단기적으로는 지구 생태환경의 파괴, 노동조건 악화, 전통적 가치 및 문화의 훼손 등의 문제점도 수반하고 있다. 넷째, 정보통신기술로 인해 세계화가 더욱 가속화됨에 따라 인적자원 개발, 지식 및 기술에 대한 접근의 격차를 초래함으로써 소위 정보화 격차(digital divide) 현상의 확대가 우려되고 있다.

각국의 시민단체는 세계화의 도전현상을 제일 먼저 심각하게 인식하였다. 이들은 1999년 시애틀에서 개최된 WTO 각료회의를 계기로 대규모 반세계화 시위를 전개하기 시작했으며, 이러한 시위는 최근 WTO·IMF·세계은행 등 국제경제기구의 행사, G7 정상회의·다보스 포럼 등 세계경제 통합을 논의하는 회합장소를 대상으로 점점 더 격화되는 추세에 있다. 특히 2001년 1월 말 다보스 포럼 개최시기에 맞추어 브라질 Porto Alegre에서는 반세계화 모임인 '세계사회포럼(World Social Forum)'3)이 열렸는데, 이는 반세계화가 이

---

3) 세계 사회포럼은 세계 경제·환경·인권 관련 비정부단체(NGO), 비주류 학자 등이 중심이 되어 2000.1.25~30일 동안 브라질 남부의 항구 도시 Porto Alegre에서 제1차 회의를 개최하였으며, 2002년에도 1.31~2.5간 다보스 포럼과 동시에 제2차 회의를 개최하였다(총 5만 명 참석). 이 포럼은 신자유주의(neo-liberalism)와 자유방임적 자본에 의해 지배되는 세계를 거부하고 어떻게 새로운 세상을 건설해 나갈지에 관해 토의하였는데, 포럼의 창설은 프랑스의 NGO인 '시민지원을 위한 자본거래세 도입운동'(ATTAC : Association pour une Taxation des Transactions Financières pour l'Aide aux Citoyens)이 주도한 것이었다. ATTAC은 프랑스의 반세계화 여론을 주도해 온 월간지 Le Monde Diplomatique가 아시아 금융 위기 발

제는 단순히 일시적이고 간헐적인 시위 수준을 넘어 조직화된 '운동'의 양상을 띠기 시작했음을 보여 준다.

1999년 시애틀 반세계화 시위 이후 국제사회는 세계화의 도전에 대한 대응 문제를 진지하게 협의하기 시작하였다.

특히 G7, G20, IMF, 세계은행, OECD 등 국제기구는 이를 최우선 당면과제로 설정하여 지속적으로 논의해 오고 있다. 이러한 논의는 최빈국 및 개도국의 성장지원 강화, 경제성장과 환경보호를 결합한 지속가능발전(sustainable development) 전략 추진, 국제금융 체제 안정화, WTO 다자무역 체제의 개선 등으로 집약할 수 있다. 2001년 9월 벨기에의 Guy Verhofstadt 총리는 반세계화 시위대를 상대로 발표한 <The Paradox of Anti-globalization> 제하의 공개서한에서 세계화의 심화 추세를 막을 수는 없으나, 빈부격차 확대 등 세계화의 부정적 측면을 효과적으로 극복할 수 있는 윤리적인(ethical) 국제경제관리 체제의 구축이 중요하다고 지적한 바 있다.

한편, 2001년 9월 미국에 대한 테러사태 발생 이후, 이러한 테러의 배경에 최근의 자본주의를 억압, 착취, 불평등의

발 후 1997년 12월에 게재한 Ignacio Ramonet 박사의 <Disarming the Markets> 제하 논문(Tobin Tax 도입을 위한 시민운동을 전개하자고 주장)에 의해 촉발되어 1998년 6월에 창설된 조직이다. 세계 사회포럼은 2000년 4월 포럼의 '원칙헌장(Charter of Principles)'을 제정, 대규모 다국적기업과 이들에게 봉사하는 정부 및 국제기구(IMF, 세계은행, WTO, OECD의 4개 기구로 대표)가 조종하는 세계화 자본주의가 포기된 '또 다른 세계(another world)' 건설을 표방하고 있다. '또 다른 세계'란 인간의 삶이 신자유주의 경제논리에 종속되지 않고 궁극적으로는 인류의 빈곤 문제 해소, 환경의 개선, 인권신장에 중점을 부여하는 사회를 지칭한다.

원천이라고 보는 반세계화 의식이 밑바탕에 깔려 있다는 지적이 대두되고 있으며, 향후 각종 유형의 테러 재발을 방지하기 위해서는 테러리즘의 온상인 빈곤을 타파하고 국제금융 거래의 투명성을 한층 제고하는 노력을 강화해야 한다는 주장도 설득력을 얻어가고 있다. 따라서 향후 국제경제 질서는 세계화 추진에 있어 좀더 '인간적인' 측면에 역점을 두는 방향으로 전개될 수도 있을 것이다.

2001년 4월 프랑스의 Lionel Jospin 총리는 다음과 같이 세계화에 대해 균형 있는 견해를 제시한 바 있다. "세계화는 세계경제의 성장을 촉진시키지만 성장 불균형을 수반한다. 그것은 인간의 다양성을 발견하게 하지만 표준화라는 위험을 수반한다. 세계화는 활력을 일으키지만 우리가 극복해야 할 부정적인 힘을 가져오기도 한다. 비정부단체 및 조직은 특히 민주적 선거에 의해 부여되는 정당성이나 행위 능력과 같은 어떤 것도 갖지 않게 된다. 따라서 국가의 역할이 매우 중요하다. 만일 우리가 세계화를 어떻게 잘 다루는지를 안다면 세계화는 문명 진보의 또 하나의 새로운 단계가 될 것이다. 세계화는 우리가 붙잡아야 하는 기회이며, 이러한 유망한 현실로서의 세계화가 인류 전체에게 혜택을 가져오도록 만드는 방법을 알아내야 한다."4)

200년 전 산업화 초기 단계에서는 산업화 과정에 저항하는 기계파괴운동(Luddite Movement)이 거세게 일어나기도 했지만, 이를 극복하고 중장기적으로 산업화의 결실을 공유할 수 있는 체제가 성공적으로 갖추어짐에 따라 인류 경제생활의

---

4) <Maîtriser la mondialisation> (Les Echos, 2001.4.10)

질이 크게 향상되는 대변환을 이루었다. 마찬가지로 현재의 세계화 추세에 능동적으로 대응하여 세계화의 도전을 극복하면서 인류 복지증진의 방안을 만들어 나간다면 현재의 과정 또한 새로운 혁명으로 기록될 수 있을 것이다.

2. 신자유주의와 그 한계

이 경 렬

반세계화 운동의 주장에는 다양한 견해의 스펙트럼이 존재하지만, 한마디로 신자유주의(Neo-Liberalism) 및 '워싱턴 컨센서스'에 대한 비판 내지 부정이라고 요약할 수 있다.

세계경제 사조의 변화는 19세기 말에서 1차대전까지의 고전적 자유주의(Classical Liberalism), 1차대전 이후 1950년대까지의 케인스주의(정부개입주의), 1960년대 이후 현재까지의 신자유주의로 구분된다. 신자유주의는 20세기 초 오스트리아 경제학파(Carl Menger, Ludwig von Mises 등 학자들로 대표)의 경제철학으로부터 태동된 것이나, Friedrich von Hayek(1899~1992)에 의해 완성된 경제사조이다. Hayek는 그의 대표적 저술 ≪The Road to Serfdom≫(1944)과 그의 주도로 1947년 창설된 Mont Pelerin Society를 통해 전체주의적 계획경제의 위험을 경고하면서 자유시장 구축을 지상과제로 설정하였다. 즉, 신자유주의는 시장의 가격조절 기능을 최대한 신봉하며, 정부의 간여를 최소화할 것을 주장한다. Hayek의 철학은 미국판 신자유주의의 보루인 Milton Friedman의 시카고 학파로 계승되었다.

신자유주의는 1960년대 이후 정보통신 및 교통기술의 혁

신, 인간 자유의식의 확산에 따라 득세하기 시작했으며, 1980
년대 레이건 미정부와 대처 영국정부 간 범대서양 동반자 관
계 구축 시기에 절정에 달하였다. 당시 미국과 영국의 지도자
들은 거대정부, 정부 주도의 복지정책 추진을 반대하면서 자유
무역과 열린사회 구축을 표방하였다. 또 이들은 구체 거시경제
정책으로서 대내외적으로 경제자유화(관세 및 보조금의 폐
지), 자유변동 환율제도 정착, 외국기업에 대한 규제 철폐, 국
영기업 민영화, 노조와의 임금협상 폐지 등을 추구하였다.

　1990년대 들어 신자유주의 사조가 다소 후퇴하는 모습도
보이고 있으나, 전반적으로 현재의 세계화 심화 추세는 신자
유주의적 맥락에서 진행되고 있다. 클린턴 미정부와 블레어
영국정부의 '제3의 길'은 신자유주의를 다소 수정하여 사회정
의 및 민주주의에 대한 중요성을 다시 강조하고 있다. 다만,
'제3의 길'은 부의 재분배를 중시하던 과거의 사회주의 정책과
는 구별되며, 광범위한 시민사회의 참여와 협력에 중점을 둔
다. 그러나, '제3의 길'이 신자유주의를 부정하는 것은 아니며,
시장경제에서 개인적 자유의 신장에 역점을 부여할 뿐이므로,
고전적 자유주의에 보다 근접하다고 볼 수 있다.

　'워싱턴 컨센서스(Washington Consensus)'라는 말은
1989년에 경제학자인 John Williamson[5]이 만든 신조어로
서, 1980년대 이후 미국과 영국, IMF 및 세계은행이 추진하
는 10개의 세계경제 정책을 지칭한다. 즉, ①자유무역 증진,
② FDI 확대, ③재정건전성 제고(재정적자 축소), ④정부보
조금 감축, ⑤세제 개혁, ⑥자유금융 체제 발전, ⑦자유변동

---

5) 현재 Institute for International Economics 연구위원

환율제도 유지, ⑧민영화, ⑨규제개혁, ⑩지적재산권 강화를 일컫는다. 다시 말해 워싱턴 컨센서스는 신자유주의가 구체적인 정책 형태로 표현된 것이다. 1997~98년 아시아와 중남미에서 금융 위기가 발생한 이후 IMF의 금융지원 과정에서 미국과 IMF가 '워싱턴 컨센서스'에 의한 정책을 위기국에 강요함으로써 경제 위기가 가중되었다는 비판이 제기되었으며, 이는 반세계화 논의의 이론적 기초를 형성한다.

2001년 10월 비엔나에서 개최된 '세계화와 종교적 근본주의 문제' 세미나에서 Benjamin Barber 메릴랜드 대 교수6)는 다음과 같이 세계화와 신자유주의 그리고 테러리즘의 상관관계를 분석했다. 첫째, 종교적 근본주의와 신자유주의는 '극단주의'라는 공통점을 갖고 있는 바, 세계화는 세계시장을 극도의 무정부 상태에 처하게 하였고, 일부 국가와 특정 계층만을 부유하게 만든 측면이 있다. 둘째, 신자유주의는 공공 부문의 역할을 지나치게 경시하여 왔는데, 공항 보안과 같이 절대적으로 공공성이 요구되는 분야에서조차 무한대로 추구되어 온 이윤 및 성과주의가 2001년 9월 11일 대미 테러사건과 같은 참사로 이어졌다. 셋째, 종교적 근본주의와 테러리즘은 세계화의 부작용을 영양소로 하여 성장하고 있는데, 향후 국제사회의 안정을 위해서는 무엇보다 신자유주의를 점차 수정해 나가야 하며, IMF·WTO와 같은 국제경제기구를 보다 민주적으로 개편해야 한다.

2001년도 노벨 경제학상 수상자인 Columbia 대학의 Joseph Stiglitz 교수는 2002년 5월 ≪세계화에 대한 불만

---

6) 클린턴 정부 고문 역임

(Globalization and the Discontents)≫이라는 서적을 발간하였다. Stiglitz 교수는 세계적 조류인 세계화(globalization), 민영화(privatization), 자유화(liberalization) 등은 이념 자체로서는 중립적인 것이지만, 이러한 이념 추진을 주도하고 있는 IMF와 그 배후의 미국 재무성이 이런 이념들에 너무 집착한 정책대안을 제시하여 세계경제를 이끌고 있고, 선택의 여지없이 정책대안을 받아들일 수밖에 없는 각각 사정이 다른 다수의 개도국들은 전혀 목소리를 낼 수 없는 상황이어서, 실상은 득보다는 실이 더 많다고 진단했다.

그에 의하면 IMF와 미국 재무성의 정책결정은 시장경제가 가장 효과적인 결과를 도출할 것이라는 이데올로기에 강하게 기초하고 있어 내부에서조차 다른 고려를 할 틈이 없으며, 따라서 각국의 경제성장을 관리하고 성장의 혜택이 사회 구성원 전체에게 공평하게 분배되도록 하는 정부의 역할은 처음부터 부인되고 있다. 그는 이러한 도그마는 IMF의 전통적인 고이자율, 긴축재정 정책과 같은 정책권고안으로 대변되는데, 아시아 외환위기 당시 아시아의 사정을 무시한 이와 같은 정책권고안은 부적절했으며, 실제로 아시아 외환위기의 근원적 발생요인도 IMF 등이 성급한 자본자유화 정책을 채택하도록 강요한 결과라고 주장한다.

Stiglitz 교수는 더욱 심각한 문제로서 IMF와 미국 재무성 등이 개도국, 특히 아시아 각국에 대해 투명성(transparency)을 매우 강조하고 있지만 역설적으로 그들 자신의 정책결정 과정에는 투명성이 많이 결여되어 있다고 지적했다. IMF 등의 정책 결정은 대체로 장막 뒤에서 이루어지고 있는데, 이들 기관은 대규모 금융기관 출신이거나 후에 다시 그곳으로 돌아갈 사람들로 구성되어 있어 사회의 다양한 요인들을 충분히 이해하지 못하며, IMF의 상대방인 개도국 재무장관들도 다수의 이익을 대변하지 못하는 경우가 많아 IMF 정책권고안에 따른 정책집행은 문제의 해결보다는 소수의 권력층에게만 혜택을 주게 된다는 것이다. 따라서 Stiglitz 교수는 이데올로기를 덜 강조하고 실제 세상의 움직임에 더 많은 주의를 기울일 것과 세계화 추진 중심기관의 의사결정 과정을 개선할 것을 제안하고, 동시에 세계화의 구체적 내용을 재정립하여 세계 모든 나라와 모든 계층이 성장의 부를 다 같이 누리는 방안에 대해 적극 재검토해 나갈 것을 촉구하였다.

결국 신자유주의는 보이지 않는 손에 의한 시장의 힘을 거의 절대시하면서, 경제발전을 위해서는 정부의 역할을 최소화해야 한다고 믿는 사조인데, 이를 신봉하는 사람들은 일반적으로 그러한 믿음을 역사의 과정에 맹목적으로 투영시키려는 성향을 갖는다. 그리하여 신자유주의적 정책집행 과정에서는 개별국가 및 단체가 가지는 역사·문화적 배경과 경제·사회적 특수성이 도외시되며, 다른 대안에 대한 깊은 성찰이 소홀해지게 되는 경우도 자주 발생한다. 따라서 세계화의 도전현상은 신자유주의가 가져온 경제적 후생 증가의 어두운 그림자라고 볼 수 있으며, 반세계화 운동은 그러한 부정적 측면을 강조함으로써 신자유주의의 경제적 공헌 자체를 인정치 않으려는 움직임이라고 해석할 수 있다. 결론적으로 신자유주의의 한계를 극복하고 치유하는 과정은 곧 '윤리적 세계화', '지속가능한 세계화'를 만들어 가는 과정이 될 것이다.

3. 신경제(New Economy)

이 경 렬

신경제란 대체적으로 '실질적이고 지속적인 경영개선을 통해 장기적인 생산성 증가율이 제고되는 경제적 현상 또는 상태'로 정의되며, 그 결과는 저인플레하의 고도성장과 저실업으로 나타난다.

신경제 현상을 주목하게 된 배경은 1990년대 중반 이래 미국 경제가 물가 안정하에 고성장 및 저실업 현상을 5년여 간 시현한 것이었다. 이는 첫째, 정보통신기술(ICT) 투자로 인한 생산성의 향상, 둘째, 금융·기업 등의 구조조정, 규제완화, 노동시장의 유연성 제고 등을 통해 시장경제 원리가 최대한 작동하는 경제 시스템 정착, 셋째, 정부의 신뢰성 있고 탄력적인 거시경제정책 추진 등의 요인에 기인하는 것으로 평가되었다. 요약하면, 신경제 현상 출현의 배경은 신기술 혁신 및 정보통신기술 산업에의 투자가 세계화, 규제완화 등 경쟁력 강화 요인과 결합되는 데에 기인하는 것으로 분석된다.

신경제 현상의 출현에 있어 ICT의 혁신은 매우 중요한 위치를 차지하는데, ICT의 발달은 다음과 같은 경로를 통해 성장에 기여하는 것으로 분석된다. 첫째, ICT 산업 분야의 출현으로 이에 대한 새로운 투자를 발생(수요 측면)시키고 산업의 효율성을 증진(공급 측면)시킨다. 둘째, 산업 부문의 의사결정이 신속히 이루어지도록 하고 생산, 품질 및 재고관리의 효율을 증진시키는 등 경제 전반의 효율성을 증진시킨다. 셋째, 전자상거래의 발달 등 새로운 경제 네트워킹에 따른 외부 효과를 확산시킨다.

신경제 현상의 본질은 생산성(productivity)의 향상에 있다. 생산성은 산출량을 생산요소의 투입량으로 나눈 값을 말하는데, 우리는 보통 노동생산성을 계산하여 경제의 발달 추이를 살펴본다. 노동생산성의 향상은 한 노동자가 같은 시간에 전보다 많은 결과물을 만들어낼 수 있게 되었음을 의미한다. 그 이유는 노동자의 기술과 자질이 향상되었기 때문일 수도 있고, 그가 다루는 기계의 성능이 좋아졌기 때문일 수도 있으며, 회사의 재고관리 및 주문·배달 체계가 신속화되는 등 전반적인 경영이 개선되었기 때문일 수도 있다.

여기에서 우리는 다요소 생산성(multi-factor productivity)이라는 개념을 도입할 필요가 있다. 이것은 노동생산성에서 자본(장비)의 증가에 기인한 산출량 증가분을 차감한 것으로서, 이는 생산 효율의 순증가분을 의미한다. 다요소 생산성은 기술 혁신, 경영 합리화, 경제 전체의 네트워킹 개선 등 외부적인 환경이 전반적으로 나아짐으로써 생산성이 증가된 부분만을 계산한 것인데, 바로 이것이 신경제를 설명하는 중요한 도구이다. 즉, 신경제는 ICT의 혁신과 경영 개선으로 인해 다요소 생산성이 크게 증가하는 현상이다. 중요한 점은 신경제에 있어 그러한 생산성 증가는 지금까지의 생산성 증가

패턴을 초월하는 것처럼 나타난다는 것이다. 즉, 가로축을 시간으로 하고 세로축을 생산성으로 놓은 좌표를 생각하고 좌하단에서 우상단으로 올라가는 생산성 곡선을 상정한다면, 신경제 현상하에서의 생산성 증가는 이러한 곡선을 따라 움직이는 것이 아니라, 생산성 곡선 자체를 상향 이동시키는 것이다.

신경제 현상의 전개와 함께 이제 경제의 패러다임이 완전히 바뀌어 세계경제가 불황의 늪에 더 이상 빠지지 않는 시대가 온 것이 아니냐는 성급한 기대감도 대두된 바 있었다. 이러한 분위기를 반영하여 IMF는 2000년 12월 신경제에 관한 전문가 세미나를 개최하였는데, 그 결과는 다음과 같다.

첫째, 미국 경제의 생산성이 크게 증가했다는 점이 분명히 판명되었다. 1990년대 전반 연 1.7% 증가한 생산성은 후반에는 매년 2.7% 성장했으며, 제조업 부문만 보면 1990년대 전반 매년 3.0%에서 후반 4.6%로 증가하였다. 다요소 생산성은 1998~2000년간 1974~1995년간에 비해 세 배나 증가하였으며, 다요소 생산성이 노동생산성에서 차지하는 비중은 57%인 것으로 분석되었다.

둘째, 생산성 증가에 있어 ICT 투자가 크게 기여했다는 결과가 나왔다. 투자가 GDP에서 차지하는 비중은 1980년대의 1/8 수준에서 1990년대에는 1/4로 확대되었으며, 1990년대 중반 이후 투자의 35~40%가 ICT 부문에 투입되었다. 또한 노동생산성 증가율의 40% 정도가 ICT 투자 확대에 기인하는 것으로 분석되었다.

셋째, 경제 패러다임의 변화 여부에 관한 것인데, 경제 패러다임의 변화를 '세계화, 규제 완화, 기타 경쟁력 강화 요인과 결합된 경영 혁신, ICT에의 투자가 실질적이고 지속적인 경영 개선을 가져와 영구적으로 장기 생산성 증가율을 제고하는 것'이라고 정의할 경우, 미국의 생산성 증가는 분명히 경제 패러다임의 근본적인 변화를 시사한다. 장기적으로 보면 1950~1973년간(경제성장의 황금기) 연 2.6% 증가한 미국의 제조업 생산성은 1970~1999년간 연평균 4.5%로 비약한 것이다. 그러나 패러다임의 변화는 장기적인 생산성이 본질적으로 향상되었다는 사실을 지적할 뿐, 경기순환의 종말을 의미하는 것은 아니라는 점이 강조되었다.

한편, OECD는 신경제 현상에 대한 분석과 정책대안 도출을 통해 장기적인 경제성장 방안 마련에 힘쓰고 있다. 1999년도 OECD 각료이사회는 미국 등 일부 국가에서 장기 고성장을 지속하면서도 물가가 안정되고 있는 데 주목하여 경제의 패러다임이 바뀌었는지 여부에 대해 연구하도록 사무국에 위임하였다. 이에 따라 OECD는 2000년 6월에 1차 보고서를 출간했는데, 그 주요 내용은 다음과 같다.

첫째, 신경제 현상은 아직 미국에 국한된 현상이며, ICT 부문에 대한 고투자가 미국의 경제성장에 상당한 기여를 한 것으로 보이나, 여타국에서는 아직 뚜렷이 나타나고 있지 않다. 둘째, 신경제라는 개념은 ICT의 발달이 경제체제의 구조조정을 초래하여 경기 사이클의 소멸 및 무한성장을 가져온다는 가정을 하고 있으나 이러한 가정을 뒷받침할 만한 근거는 없다. 셋째, ICT가 신경제로 이어지려면 ICT의 네트워킹 효과를 가능하게 할 제반요소와 기존 생산 및 분배방식에 일대 변화가 수반되어야 하나 여타국이 그러한 조건을 구비했는지 여부는 불확실하다. 넷째, 혁신을 가능케 하는 새로운 산업의 육성, ICT가 수반하는 변화의 수용, ICT를 활용한 지식 및 인적자본 축적과 이를 통한 사회발전의 추구 등이 회원국이 추구해야 할 당면 정책과제이다.

즉, 신경제 현상이 나타나고 유지되도록 하기 위해서는 ICT 투자가 생산성 증가로 이어질 수 있는 환경 조성이 긴요하다는 것이며, 이는 경쟁적이고 자유로운 시장경제 구축, 기업·금융·정부·노동 부문의 구조조정, 규제 완화 등을 통해 달성해야 한다는 것이다. 2001년도 OECD 각료이사회에서도 이 점이 재차 강조되었는데, 신경제 현상이 발생하게 된 배경에는 ICT가 가장 중요한 요소이기는 하지만, 그 이전에 건전한 경제 여건 유지가 전제되지 않고서는 ICT가 생산성 향상으로 연결될 수 없다는 것이다. OECD는 현재 ICT 발달과 생산성 상승 간의 연관관계, ICT 산업 발달과 자본시장 육성 간의 관계 등에 관해 추가 분석을 실시하고 있다.

최근 들어 미국 경제의 성장 둔화와 더불어 신경제에 대한 논란이 다시 일고 있다. 즉, 2000년 3/4분기부터 미국 경제의 성장률이 둔화되면서, 신경제 현상이 공허한 허상에 불과하지 않았느냐는 인식이 대두된 것이다. 그러나 Economist는 다음과 같이 설명한다.[7] 첫째, 신경제란 경기순환에 관한 이론이 아니라 중장기 생산성에 관한 논의라는 점이다. 향후 10~20년간의 생산성 증가율은 1975~1995년간의 그것보다 2배 정도는 될 것이라는 전망이다. 둘째, 미국의 경기 둔화는 신경제로 인해 경기순환이 소멸된 것은 아니라는 것을

---

7) The Economist(2001.1.6)

증명할 뿐이지 신경제가 단순한 허상이라는 것을 의미하지 않으며, ICT 부문 투자가 감소하더라도 신경제가 순전히 과장된 것임을 뜻하는 것은 아니다. 경제성장 둔화, 첨단산업 투자 감소 상황하에서도 다요소 생산성은 얼마든지 증가할 수 있다.

한편, Financial Times[8]는 신경제 패러다임이 올바른 분석이라면 미국은 앞으로 계속 연 2~3%의 생산성 증가율을 시현할 것인데, 이때 GDP 성장률이 2% 내외에서 이루어지고, 매년 노동력 증가율을 1%로 잡을 경우, 이는 실업률이 최소 연 1% 증가해야 한다는 것을 의미하는 것이라고 정리했다. 결국, 향후 미국의 실업률이 급속히 증가할수록 신경제 가설은 더욱더 올바른 것으로 판명될 것이라는 분석이다. 앞으로 신경제 현상의 이론과 실제가 어떻게 전개될지는 좀더 지켜보아야 할 것으로 생각된다.

---

8) Financial Times(2001.1.11)

4. 시민사회단체(Civil Society Organization)의 대두

이 경 렬

오늘날의 사회는 시민들이 자발적으로 결성한 단체가 그들의 관점과 주장을 표출하고 정부의 정책 방향에 커다란 영향을 행사하는 특징을 갖고 있다. 그들의 영향력은 일국 내에서만 발휘되기도 하지만 글로벌한 이슈에 관해서는 국제적으로 영향을 미치는 경우도 점차 증가하고 있다. 현재 전세계에 수십만 개 이상이 활동하는 것으로 추정되는 이러한 시민단체는 통상적으로 NGO라고 명명된다.

NGO라는 용어가 공식적으로 사용되기 시작한 것은 1950년 2월 UN 경제사회이사회(ECOSOC)가 결의안 288조를 통과시키면서부터이다. 당시 ECOSOC은 NGO를 정부의 대표가 아니면서도 UN과의 협의적 지위(consultative status)를 인정한 공식적인 조직으로 규정했다. 이러한 ECOSOC의 결의안은 UN 헌장 제71조가 NGO와의 협의요건을 마련하도록 규정한 데 따른 것이었는데, ECOSOC은 1996년에 새로운 결의안을 통해 NGO의 UN 회의 참가기준 및 협의형식을 포괄적으로 결정한 바 있다. 오늘날 우리는 UN의 협의상대뿐만 아니라 각국의 다양한 시민단체에 대해서도 NGO라는 개념을 광범위하게 사용하고 있으며, 이들 중 국제적인 조직에 대해서는 별도로 글로벌 NGO라는 명칭을 사용하기도 한다.

사회 내 각 구성원의 이해관계와 주장이 반영되어 정부의 정책과 제반 사회제도가 형성되는 과정을 '정치과정'이라 할 때, 다수의 NGO들이 정치과정의 전면에 부상하게 된 배경은 대략 세 가지로 정리된다. 첫째, 시민의 자유의식 성장과 함께 민주주의 제도가 점진적으로 성숙되면서 개인의 정치과정 참여 욕구도 커지고 있다는 점이다. 둘째, 시장경제의 발달과 더불어 사회 내 각 부문이 조직화되고 개개인의 소득수준도 높아짐으로써 사회적 활동의 여지가 커지고 있다는 점이다. 셋째, 자유롭고 합리적인 사고 및 생활양식과 개인성이 발달하고 문화적 다원성에 관한 수용 태도가 넓어지면서 다양한 욕구가 분출하고 있다는 점이다. 20세기 후반기에는 세계화 과정이 심화되면서 글로벌한 이슈가 개개인의 삶에 직접 영향을 미치게 되었으며, 이에 따라 글로벌 NGO의 활동도 점차 확대되고 있다.

최근 들어 OECD는 NGO의 중요성과 영향력 증대 상황에 큰 의미를 부여하고 있다. OECD 사무국은 시민사회와의 관계 강화를 모색하기 위해 개념을 정리하는 과정에서 종래 사용하던 NGO보다 광의의 개념이 필요하다고 인식, 2000년 하반기부터 OECD가 배포하는 문서에 CSO(Civil Society Organization)라는 용어를 쓰기 시작했다. Civil Society는 가계(household)와 국가(state) 사이에 존재하면서 공동의 행동(common activity)과 사회적 결사(association)를 허용하는 공간을 말한다. 이때 CSO는 기업, 노동, NGO, 교회, 협회, 재단, 특수 이익단체 등을 포함하여 시민사회에 존재하는 시민의 모든 자발적 조직을 일컫는다. 그러나 보통의 경우 기업 및 노동단체는 제외되는데, 이는 전통적으로 기업, 노동계와 정부 간에 잘 조직화된 협의 채널이 존재하기 때문이다. 결국, 대부분의 경우 CSO는 NGO와 같은 개념으로 사용되는데, 다만 CSO는 NGO에 비해 보다 광범위하고 민주적이라는 어의(connotation)를 가지고 있다.

현재 국제기구와 NGO 또는 CSO 간의 공식적인 협의관계 현황은 다음과 같다. 우선 UN ECOSOC은 'NGO 위원회'를 통해 협의대상 NGO를 선정한다. 해당 조직은 목적과 활동이 유엔헌장 및 유엔 산하기구의 위임요건에 합치되어야 하고, 조직사무소와 본부를 보유하여야 하며, 조직정강이 민주적으로 채택되고 운영되어야 한다. 또, 조직의 재원은 대부분 회원의 기여금에서 충당되어야 하고, 정부와의 독립성을 증명(정부지원이 총 재정의 50% 이하)하여야 하며, 정기적으로 활동보고서를 'NGO 위원회'에 제출해야 한다. 이러한 NGO들은 ECOSOC 및 ECOSOC 산하 위원회의 공개 회의, 기타 정부간 회의시 옵저버로 회의에 참석할 수 있으며, 일정한 요건하에 서면 또는 구두발언을 할 수 있다.

그러나 NGO 위원회가 협의상대 NGO를 선정하는 과정에서 객관적인 기준(정부로부터의 독립성, 실질적인 활동내용 등)을 적용하기보다는 정치적 이해관계를 우선시한다는 비난이 제기되고 있다. 또, 1990년대 후반 이후 전세계계적으로 NGO의 활동이 두드러지게 활발해지면서 ECOSOC 협의지위 신청이 폭주하고 있으나, 현재 NGO 위원회는 이를 도저히 소화할 수 없는 상태에 있다.

OECD는 다른 국제기구에 비해 비교적 일찍 NGO와의 관계를 공식화하고, 이를 협의 파트너로 유지해 왔다. 회원국 경영자단체의 입장을 수렴하는 기업·산업자문위원회(BIAC: Business and Industry Advisory Committee)와 노조의 입장을 대변하는 노동조합자문위원회(TUAC: Trade Union Advisory Committee)는 각료이사회 및 중요 위원회 개막 전에 별도로 의장단과 협의회를 개최, 그들의 입장을 공식 전달하며, 이사회와의 연례 '연락위원회' 개최, 기타 세미나 참석, 비공식 접촉 및 협의 등 다양한 채널을 통해 OECD 논의에 영향력을 행사한다. 두 조직은 1962년에 OECD의 공식적인 협의상대로 인정받았다.

그러나 경제의 범세계화가 진전되고, 정보·통신기술의 발달로 주요 국제 이슈에 대한 시민사회의 의식화가 급진전됨에 따라, OECD는 상기 BIAC/TUAC 이외의 CSO와도 협의와 접촉을 강화할 필요성에 주목해 왔다. 특히 1998년 11월 MAI(다자간 투자협정) 협상이 여러 NGO의 반대로 좌절되고, 1999년 10월 시애틀 WTO 각료회의가 민간단체의 극렬한 소요 속에 실패로 끝나게 되자 이 같은 논의는 가속화되었다.

1999년 5월 OECD 각료이사회는 공동성명을 통해 "각국 정부의 대시민사회 관계 개선에 OECD가 기여하도록" 연구해 줄 것을 요청하였다. 같은 해 9월 및 10월에 열린 OECD 집행위원회는 전체적으로 시민사회와의 관계를 강화해 나가되,

BIAC과 TUAC은 OECD에 의해 공인된 대화 파트너로 여타 NGO와 구분, 취급한다는 점을 재확인하면서, 우선 각 위원회의 의장단과 NGO 간의 접촉을 강화하는 방안을 모색키로 하였다. 한편 2000년 6월 각료이사회는 다시 공동성명을 통해 OECD 사무총장이 시민사회와의 협의와 대화를 위한 절차 및 구조강화 방안을 발전시키도록 요청하였다. 그러나 이러한 논의는 아직 구체적인 결실을 거두지 못하고 있다. 현실적으로 어떤 NGO와 대화할 것이며, 대화의 형식을 어떻게 설정할 것이냐에 대해 아직 공감대가 형성되어 있지 않기 때문이다. 2000년 11월에 개최된 OECD 특별집행위원회는 CSO의 legitimacy 및 accountability에 관한 문제점을 고려, 결국 사안별로 CSO를 선정하여 대화를 추진하는 것이 바람직하다는 결론을 내린 바 있다.

지금의 시점에서 국제기구와 CSO 간의 대화관계 현황과 전망을 정리해 보면 다음과 같다. 첫째, UN의 ECOSOC, WTO, OECD 등 주요 국제경제기구는 NGO와의 대화 및 협의에 중요성을 부여하고 대화방식에 관한 지침을 제정하여, 정부간 협상의 내용을 민간 부문에 홍보하는 한편 민간 부문의 의견을 수렴하는 노력을 추진하고 있으나, 아직까지는 이러한 대화와 협의의 범위가 특정한 이슈에 국한되어 있을 뿐만 아니라, 대화의 채널 또한 대체로 임시적인 수준에 머물고 있다.

둘째, 대화의 상대로 NGO를 선정하는 기준에 관해서도 구체적이고 뚜렷한 지침이 있는 것이 아니며, 사안별로 해당 기관이 특정 NGO의 적격 요건을 검토함으로써 이들의 회의참석 여부를 결정하고 있는 것이 보통이다.

셋째, OECD의 경우에는 경영 및 노동 부문의 NGO를 공식적인 대화상대로 이미 수용한 바 있고, 최근에는 민주시민사회와의 관계를 좀더 포괄적으로 모색한다는 취지에서 CSO라는 개념을 도입하면서 시민사회와의 대화 강화는 물론 공식관계 수립을 위해 선구자적인 노력을 기울이고 있으나, 이에 대해 아직은 회원국들간 의견일치를 못 보고 있는 실정이다.

넷째, 대화상대 민간단체를 선정하는 기준에 있어 OECD의 경우 '광범위한 책임성(wide responsibility)', '회원조직(affiliated body)', '충분한 대표성(substantial representation)' 등 3가지 요건을 모두 갖춘 민간단체를 선정한다고만 되어 있고, 좀더 구체적인 기준은 규정되어 있지 않다. 유엔 ECOSOC은 "조직의 목적과 활동이 유엔헌장 및 전문기구의 위임 요건에 합치"되고, "정부와 독립된" 단체를 "NGO 위원회"가 심사하여 협의 지위를 부여하도록 하고 있으나, 동위원회의 심사에 정치적 이해관계가 개입된다는 비판이 있다. WTO의 경우에는 해당 단체가 "WTO 관련 사안에 관여"하고 있는지 여부가 유일한 선정 기준이나, 각료회의에 옵저버로 참가하는 외에 일반 회의에는 NGO의 참석이 허용되지 않고 있다.

다섯째, 향후 전망으로서 세계화의 진전과 더불어 글로벌한 이슈가 증가하고 시민사회의 정부간 협의에 대한 관심이 증대됨에 따라, 국제경제기구는 민간단체와의 협의 관계를 강화해 나갈 수밖에 없을 것인데, 결국은 어떠한 NGO를 선택할 것이며 어느 범위와 수준에서 대화를 가질 것이냐에 관한 문제를 해결해 나가는 과정이 앞으로의 모습일 것이다. 현재 UN이

NGO와의 대화제도를 비교적 잘 구비하고 있고, OECD가 시민사회와의 대화에 상당히 진보적인 태도를 가지고 있지만, 정부간협의기구에서 NGO 또는 CSO와의 대화는 사안별로 임시적으로만 추진될 수밖에 없다고 보는 회원국들이 절대 다수를 이루기 때문에, 단기적으로는 포괄적이고 체계적인 대 민간단체 관계정립이 쉽지는 않을 것으로 전망된다. 그러나 체계적인 대화 관계수립까지는 시간이 소요될 것이라 하더라도, 특정 NGO의 정부간 협의참여 요구는 지속적으로 증가할 것이므로, 이들의 요구와 이들이 갖는 legitimacy 및 accountability 사이의 긴장 관계 속에서 점차 새로운 틀이 형성되어 나갈 것으로 보인다.

5. 새로운 관리체제(Governance)의 모색9)

이 경 렬

인류 역사의 과정은 사회를 통치하는 권력이 소수의 집단으로부터 다수의 시민들에게 확산되어 온 모습을 보여 준다. 19세기 초 독일의 철학자 헤겔이 지적했듯이 인류 역사는 개개인의 자유의식이 팽창하는 과정이기도 하다. 한 나라 안에서의 정치권력은 왕이나 대통령으로부터 의원, 관료, 이익집단의 지도자, 일반 시민에게로 옮아 왔고, 국제사회의 권위질서는 소수의 강국이 판도를 좌우하는 시대로부터 중견국과 약소국도 국제 논의에 당당히 참여할 수 있는 현대로 변화해 왔다.

관리체제(governance)는 여러 방식으로 정의될 수 있지만, 일반적으로 '권위의 행사(exercise of authority)' 또는 '권력의 배분(distribution of power)'을 의미한다. 본질적으로 이것은 질서와 의사결정에 대한 관념과 직결되어 있다. 거버넌스의 반의어는 무질서 또는 무정부 상태이며, 관리체제가 갖추어

---

9) 이 글은 OECD에서 발간한 ≪21st Century Technologies≫(1998), ≪The Future of the Global Economy≫(1999), ≪Governance in the 21st Century≫(2001) 책자를 참고하여 정리하였다.

진 세계에는 권위가 적법하고 효율적으로 발휘되도록 하는 규범이 형성되어 있다. 물론 이때의 권위는 절대권력만을 지칭하는 것은 아니고 다양한 형태의 '영향력'을 포괄한다. 회사내의 관리체제는 기업 지배구조(corporate governance) 라고 말하고, 일국의 관리체제는 국가 통치체제(national governance)라고 일컬으며, 세계경제의 질서체계는 국제경제 관리체제(global economic governance)라고 통칭한다.

'권위의 행사'로 정의되는 관리체제는 장기간에 걸쳐 소수 특권계층의 권한 축소를 가져왔는데, 그러한 배경에는 다음 네 가지의 역사적 발전이 자리잡고 있다. 우선 민주주의와 시장경제의 발달에 따라 관리체제도 상응한 변화를 겪게 되었다. 둘째, 생산성 향상과 물질적 풍요로 인해 관리체제의 목적과 방법에 변화가 초래되었다. 셋째, 사람들의 가치관과 규범의식이 변했고 이는 제반 의사결정 및 실행 과정에 직·간접적으로 영향을 미쳤다. 넷째, 가정, 사회, 국가 등 제도 및 조직 측면에서의 진화가 관리체제의 변화로 이어지게 되었다는 점이다.

이러한 네 가지 요소는 20세기 현대사회의 모습을 현격하게 바꾸어 놓았는데, 구체적인 변화상을 살펴보면 다음과 같다. 첫째, 민주주의 발달은 권위주의적 정치제도를 몰아냈고 시장경제는 기득권층의 세력을 약화시켰다. 민주주의와 경쟁제도는 서로 결합하여 기존의 관리체제를 침식하면서 사회구성원들의 경제, 사회, 문화적인 상호 의존성을 크게 증대시킨 것이다. 현대적인 원거리 교역과 국제 이주, 세계 TV 시청망 및 인터넷은 국가간의 장벽을 허물고 공통 관심의 영역을 확장하면서 전통적인 규제의 틀을 부수고 있다.

둘째, 급속한 경제성장에 따라 대다수의 사람들이 의식주의 기본 욕구로부터 자유로워졌고, 나아가 근로조건이나 교육기회, 환경 여건과 같은 삶의 질 문제에 보다 많은 관심을 기울이게 되었다. 그리하여 20세기 내내 개인과 사회의 기본적인 가치관이 변화하였고, 인권과 개인적인 자유를 열망하는 의식 또한 고취되었으며, 이는 결국 관리체제의 목적과 수단을 바꾸어 놓기에 이른 것이다.

셋째, 가계와 기업, 공공 부문의 조직과 기능에도 현저한 변화가 생겨났다. 여성의 노동시장 진입으로 가정의 분업체계가 재편되었고, 서비스 생산으로 중점이 이동하면서 기업의 경영방식은 위계질서를 덜 강조하게 되었으며, 정부의 행정 또한 사회적 변화에 발맞추어 점진적인 개혁의 요구를 수용하게 되었다. 가전제품의 보편화와 신공정의 등장 등 20세기 기술 혁신은 관리체제 변혁에 크게 기여했다.

넷째, 국제적 차원에서의 의사결정 방식에도 일대 혁신이 있었다. UN, OECD, WTO와 같은 정부간 기구의 활동영역이 창출되었고 그 기능이 지속적으로 확대되어 왔다. 또 다국적기업 등 국경의 제약을 초월하는 민간기업의 존재와 역할이 두드러지게 강화되었다. 아울러 그린피스와 같은 국제시민사회단체 내지 NGO의 활동과 영향력이 크게 대두되었다. 물론 이러한 범지구적 차원의 활동 증가는 경제 성장, 민주의식 성숙, 기술 발달에 기인하는 것이다.

21세기의 관리체제는 지금과는 사뭇 다른 모습을 나타낼 것이라고 전망되는데, 그 이유는 다음과 같다. 우선 20세기

후반 이후 진행되고 있는 첨단기술의 발달이 21세기에는 더욱 가속화될 것이라는 점이다. 2020년 개인용 PC의 용량은 현재 실리콘밸리에 있는 모든 컴퓨터를 합친 것보다 강력해질 것으로 예견된다. 기술혁신은 의사결정과 실행의 능력을 제고함과 동시에 그러한 기술혁신을 필요로 하는 사람들의 발언권 신장을 수반하는데, 그러한 상호작용 속에서 관리체제가 변화할 것이다. 둘째, 21세기의 경제는 지식기반 산업에 의존할 것이고, 이는 창의성이 부가가치를 창출하는 원천이 되는 것을 의미한다. 이때에는 기존의 위계질서에 기반을 둔 기업조직 및 경영방식이 의미를 상실하고 탄력적인 근무시간과 독창성있는 조직관리가 필요하게 될 것이다. 셋째, 인구구조의 다변화, 경제성장에 따른 가치 변화, 문화적 다양성 수용태도 증대와 같은 사회적 요인은 새로운 관리체제의 형성을 요구하게 될 것으로 보인다.

이상과 같은 관리체제 전반에 관한 논의와는 별도로 이제는 국제경제 분야의 관리체제에 초점을 두어 살펴보자. 앞서 언급했듯이 국제경제 관리체제는 세계경제의 질서체계이다. 국제경제 분야에서 관리체제가 논의되는 맥락은 대체로 네 가지로 대별할 수 있다. 첫째, 세계화의 심화 추세와 함께 세계화에 대한 도전현상이 부각되면서 현재의 국제경제 질서를 재편하는 문제에 대한 관심이 높아지고 있는데, 이때 관리체제의 개선이 그 핵심에 위치하고 있다. 즉, 세계화의 편익을 극대화하고 폐해를 최소화하기 위해 제도적인 장치를 마련하는 작업이 그것이다. 이에는 국제금융시장 안정화, 환경 악화 방지, 세계 빈곤 축소, 다자통상체제 강화, 자금세탁 또는 테러자금

유통 차단 등의 노력이 포함된다. 둘째, 범지구적 경제 통합이 진행되는 현재 치열해지는 국제경쟁에서 생존하기 위한 전략으로서 관리체제 정비 문제가 논의되고 있다. 이는 기업 및 금융기관의 경영 쇄신, 전자상거래 확대 추세에 대한 대응, 기술혁신을 위한 노력 등을 의미한다. 셋째, 새로이 등장하는 국제경제 이슈에 대한 규범 정립의 필요성이 대두되면서 관리체제가 주목받고 있다. 세계 인구의 고령화 진행, 생명공학 기술과 생물 다양성 문제의 대두, 노동 및 경쟁 이슈와 무역규범의 연계 문제 등이 그러한 예이다. 마지막으로 최근 선진국들은 대개도국 원조추진과 결부지어 수원국이 양호한 관리체제(good governance)를 먼저 갖출 것을 요구하고 있다. 이것은 수원국의 부패방지 노력, 스스로의 경제발전 전략수립, 경제·사회적인 법·제도 구축 추진 등을 강조한다.

국제경제 관리체제는 부단히 변화해 왔다. 그것은 세계경제가 처한 환경이 바뀌고 사람들의 인식이 바뀌며 과학기술이 나날이 혁신되어 왔기 때문이다. 2차 세계대전 이후에 정립된 브레튼우즈 체제는 무역자유화에 초점을 두되 자유방임적 금융 흐름은 어느 정도 통제할 수 있도록 고안된 것이었다. 그러나 국경간 거래량이 폭증하고 전자결제수단이 발전함과 동시에 인간 활동의 자유영역 확대를 희구하는 의식이 증대됨에 따라 금융 통제는 사실상 불가능해지고 브레튼우즈 체제는 막을 내렸다.

자유무역과 무제한적 금융 흐름을 기조로 하는 현재의 세계화 체제는 인류 역사상 전대미문의 부를 창출하고 있지만, 이와 더불어 새로운 도전현상도 야기하고 있다. 1997년의 아시아 금융위기, 2001년의 9.11 테러사태, 2001년 말 미국 Enron 사의 도산 등은 급변하는 세계경제 환경변화에 우리가 효과적으로 대응하지 못할 경우 인류 경제가 나락으로 치달을 수 있음을 시사한다. 세계경제 전체의 새로운 규범 창출, 즉 새로운 국제경제 관리체제의 정립이 시급한 사안으로 등장한 것이다.

본 책자는 국제경제 관리체제에 관한 주요 이슈에 대해 정리하였다. 앞서 국제경제 관리체제가 논의되는 네 가지 맥락에 대해 언급했는데, 본 책자는 이러한 각각의 맥락별로 이슈를 구분하지는 않았다. 그 대신 2부에는 금융·기업의 관리체제라는 제목하에 관련된 중요 사안을 담았고, 3부에는 국제통상체제와 관련된 이슈를, 4부는 새로이 떠오르는 이슈를 살펴보았다. 이것은 서로 밀접한 연관성을 가지는 이슈들을 함께 묶음으로써 이해를 쉽게 하기 위한 목적에 따른 것이다.

제 **2** 부

금융과 기업의 관리체제

6. 아시아 금융 위기의 교훈

권 태 용

1990년대 들어 서구 선진국들은 한국, 홍콩, 대만, 싱가포르를 비롯한 동아시아국들의 눈부신 성장세를 매우 경이롭게 바라보았다. 1970년대 이후부터 1990년대 중반까지 한국, 대만, 싱가포르, 홍콩 등 동아시아 선발경제권(NIEs)[10] 국가의 성장세는 미국, 일본이나 EU 국가의 성장률의 두 배를 훨씬 상회하였다.[11] 한편 이들 국가에 비해 조금 늦었지만 태

---

10) Newly Industrialized Economies의 약자로 한국, 홍콩, 싱가포르, 대만 등 동아시아의 선진개도국을 지칭한다. 현재 이들 국가는 IMF의 세계경제 전망보고서에서 선진경제권 국가(advanced countries)로 분류되고 있다.

11) 19세기 후반 이후 1960년대 중반까지 대부분의 서구 선진국과 일본이 산업화를 완성하였다. 1960년대 NIEs 국가가 산업화를 시작한 후 동남아시아 그리고 중국이 뒤를 따랐다. 동아시아 국가들은 특히 경제발전의 속도에 있어서 인류 역사상 가장 위대한 성공사례의 하나로 평가된다.

주요국의 평균 경제성장률(1973-1998)

한국	싱가포르	홍콩	대만	말레이시아	태국	미국	일본	EU17개국
7.31	7.45	6.21	6.77	6.61	6.59	2.99	2.97	2.11

* 자료: The World Economy: A Millennial Perspective, OECD, 2001

국, 말레이시아, 인도네시아 등도 1980년대 들어 성장세가 가속화되면서 선발 동아시아 국가의 경로를 뒤따르고 있었다.12)

특히 외환 위기 직전인 1997년 여름 동아시아 경제는 그 놀라운 경제실적과 함께 7월 1일 홍콩의 주권 반환으로 세계의 이목을 집중시키며, 21세기에도 중단 없는 번영을 구가할 것으로 낙관하는 분위기에 젖어 있었다. 바로 그 순간, 홍콩 반환 다음날인 7월 2일 태국의 바트화가 폭락을 시작했다. 바트화의 폭락 사태는 말레이시아, 인도네시아, 필리핀 등 주변국으로 순식간에 퍼져나갔다. 1997년 아시아 금융 위기는 이렇게 동남아시아의 통화가치 폭락으로 시작되었다. 그러나 일시적인 통화가치 하락은 이전에도 종종 있었기 때문에 위기 시작 초기에는 누구도 통화가치 하락이 역내의 금융 위기로까지 파급되리라고는 예상하지 못했다.13)

금융 위기의 현실은 상상을 초월하였는데, 1997년 12월

---

12) Paul Krugman 교수는 경제성장을 자본 및 노동력의 증가와 총 요소생산성(total factor productivity) 증가분의 합으로 정의하였다. 그는 과거 수십년간 아시아 국가의 급성장은 총 요소생산성 증가가 아닌 노동력과 투자의 확대를 통해 이루어진 것으로 보고, 장기적으로 지속할 수 없을 것으로 전망하였다. 쉽게 말해 아시아 경제가 기술발전을 통한 효율성의 증가가 아닌 자원동원(즉, 창조와 영감이 아닌 땀)에 의존할 경우 가까운 장래에 수확체감의 법칙에 따라 1950년대 구소련 경제와 같이 필연적인 성장둔화를 경험할 것이라고 주장하였다. (《The Myth of Asia's Miracle》, Foreign Affairs, 1994. 11/12)

13) 1992년 영국이 통화 위기상황에서 파운드화의 방어를 포기하고 유럽 환율체계(ERM : European Rate Mechanism)를 탈퇴하였을 때 파운드화는 15% 가량 하락한 뒤 곧 안정을 되찾았다. 투자자들은 파운드화의 평가절하가 영국의 수출에 도움을 주어 투자환경이 좋아질 것이라 생각하였기 때문에 추가적인 파운드화 매도를 하지 않았으며, 경제전반의 위기로까지 발전하지도 않았다.

말 바트화의 가치는 그 해 6월 말에 비해 48.7%나 하락하였다. 이와 더불어 말레이시아의 링기트화, 인도네시아의 루피화, 필리핀의 페소화도 같은 시기에 각각 35%, 44.4%, 33.9%씩 폭락했다. 일국의 통화가치 하락이 경제환경이 비슷한 역내 인접 국가에 파급된다는 이른바 전염효과(contagion effect)[14]가 그대로 나타났다. 마침내 7월과 8월 태국과 인도네시아가 IMF에 긴급구제금융을 신청하게 되었다. 한편 말레이시아는 IMF의 구제금융을 거부하고 외환통제와 1달러당 3.8링기트로 환율을 고정(peg)시키는 독자적인 정책으로 금융 위기에 대처하였다.[15] 이와 함께 이들 3국은 초긴축정책과 함께 본격적인 구조조정에 들어갔다.

한편, 1997년 여름 동남아시아에서 금융 위기가 확산되고

---

14) 1980년대 외채 위기를 겪었던 중남미는 1994년 12월 멕시코의 페소화 가치 폭락에 따른 금융 위기가 아르헨티나를 비롯한 남미국 전반에 파급되는 것을 경험하였다. 남미국의 통화가치 하락에 따른 연쇄적인 금융 위기는 '테킬라 위기(tequila crisis)' 또는 '페소화 위기(peso crisis)'라고 명명되었는데, 그후 위기의 전염에 대한 논의를 확대시키는 계기가 되었다. 전염 효과는 일반적으로 경제구조가 비슷하거나 상호의존적인 국가들이 연쇄적으로 파급되는 경제 위기에 봉착하는 상황을 지칭한다. 그런데 아시아 금융 위기의 전염은 실물경제의 연결성보다는 국제투자가들이 아시아 경제에 대하여 가지고 있던 기본전략과 사고가 이들 국가들을 하나의 범주(category)로 본 것에 기인하였다는 견해가 지배적이다. 한국은 태국, 말레이시아, 인도네시아와 경제 발전 정도나 구조 등 경제적 연결성이 남미제국과 달리 그리 크지 않았다. 그러나 국제투자가가 어느 한 나라에 대하여 불안심리(panic)를 가지게 되고, 이러한 불안심리가 동일한 범주에 포함된 국가들에게 확산되면 자기실현적 기대(self-fulfilling prophecy)를 형성하게 되고 이에 따라 대규모의 자본 유출이 발생하게 된다.

15) 말레이시아가 금융 위기 해결에 있어 IMF 긴급구제금융 신청이 아닌 외환통제를 시도한 배경으로는 우리나라에 비해 외국인 직접투자 비중이 높아 대외부채가 적었고, 수출 의존도가 낮았다는 점이 지적된다.

있을 때, 우리 경제는 기업 부실과 경상수지 적자가 누적되고 있었음에도 기초경제여건(fundamentals)이 양호하여 문제가 없다며 여전히 낙관적이었다.[16] 그러나 외국투자가의 시각에서 기업의 과다차입과 금융기관의 취약성은 항상 잠재된 문제였다. 우리 경제의 대외신인도는 기아자동차 부실 문제가 대마불사(too-big-to-fail)의 관념과 대통령선거 관련 정치논리에 밀려 해법이 지지부진해지자 급격히 하락하였다. 아울러 한보철강 부도와 함께 드러난 정경유착 사례, 노사관계 불안, 금융감독권 등을 둘러싼 금융정책당국의 대립도 10월 이후 외국 투자자본의 급격한 유출을 초래한 원인으로 지목된다.

이러한 자본 유출에 따라 원화는 1997년 하반기 동안 무려 47.7%나 폭락하였으며, 이 과정에서 통화가치 방어를 위한 시장개입으로 외환보유고는 고갈 상태에 이르게 되었다. 결국 11월에 이르러 외채, 특히 단기외채가 많은 상황에서 해외차입이 불가능해지고 외국 금융기관의 자금회수가 증가하자 우리나라도 IMF에 긴급구제금융을 요청하게 된다.

아시아 금융 위기의 원인으로는 여러 가지가 지목된다. 과거 남미국가와 달리 건전한 재정구조와 성장세를 보이던 이들 국가들에게 외환 위기는 갑자기 도래한 것처럼 보였으나, 그 조짐은 이전에 국내외적으로 끊임없이 노출되었다. 예를 들어 태국은 이미 1996년 말부터 수출 급감 및 경상수지 적자, 부동산경기 침체, 주가 폭락 등의 문제가 확대되면서 위기 가능성이 심심찮게 제기되었다. 우리나라도 1996년 경상수지 적

---

16) 한국의 경상수지 적자규모는 1994년 38억 달러, 1995년 85억 달러, 1996년 230억 달러로 급증하였으며, 1997년에도 81억 달러를 기록하였다.

자규모가 230억 달러에 이르고, 우성이나 한보와 같은 유수한 건설회사와 재벌기업이 도산하는 등 1996년 말부터 경제의 이상징후가 포착되었다.

한편, 아시아 금융 위기의 원인과 관련하여 특히 주목을 끌었던 것이 아시아적 가치에 대한 논쟁이었다.[17] 원래 아시아적 가치라는 개념은 아시아 지역, 특히 동아시아 지역 일부 국가의 괄목할 만한 경제성장의 원인을 분석하는 과정에서 미국과 유럽 등 선진국에서 먼저 제기된 것이었다. 이들은 아시아, 특히 동아시아가 유교적 전통에서 기인한 공통의 가치체계를 가지고 있다는 점에 주목하였다. 공동체 의식, 근면성, 높은 교육열과 저축률, 정부주도 개발모델이라는 공통의 가치체계가 동아시아 국가의 경제발전에 긍정적이고 결정적인 요인이 되었다고 보았다.

그러나 동아시아 위기 이후 아시아적 가치는 진정한 자본주의 정신과 배치되어 금융 위기의 근본적인 원인을 제공한 주요 요인으로 비판받게 되었다. 가족주의 등의 유교적 가치가

---

17) 아시아적 가치에 대한 논쟁은 금융 위기 이전에도 많았다. 예를 들어 김대중 대통령과 Lee Kuan Yew 전 싱가포르 총리는 아시아 금융 위기가 발생하기 훨씬 이전인 1994년 간접적으로 '아시아적 가치'에 대한 논쟁을 벌인 바 있다. Lee 전 총리는 Foreign Affairs지 3/4월호 인터뷰에서, 문화는 숙명적인 것으로 유교를 중심으로 한 동아시아의 가치와 서구적 가치가 다르기 때문에 미국식 모델을 무분별하게 다른 사회에 강요하지 말아야 한다고 주장했다. 이에 대해 김 대통령은 동 잡지 11/12월호에서 <문화는 숙명인가(Is Culture Destiny? The Myth of Asia′s Anti-Democratic Values)>라는 기고를 통해 Lee 전 총리의 주장은 아시아의 권위주의적 지도자들이 제기해 온 주장임을 지적하였다. 아시아에도 민주적 전통과 제도가 있었기 때문에 서구적 가치는 배척의 대상이 아닌 적용과 개선(improve)의 대상임을 강조했다.

배태한 정경유착과 인치로 특징되는 정실자본주의(crony capitalism)가 경제 위기를 부른 주범이라는 것이었다. 그러나 이러한 정실주의가 1997년 당시에 새롭게 부각된 것이 아니라는 점에서 아시아적 가치를 금융 위기의 근본 원인이라고 보는 것은 무리라는 주장도 적지 않다.18)

아시아 금융 위기의 직접적인 원인으로는 이들 국가의 경제 시스템이 자본 유출에 매우 취약했다는 점이 지목된다. 이러한 취약성은 다음 두 가지 요인에 의해 심화되었다.19) 첫째, 1990년대 들어 동아시아 지역으로 민간자본 유입이 크게 증가하였는데 이 과정에서 이들 국가는 공통적으로 대규모의 경상수지 적자를 기록하고 있었다. 그런데 장기적인 경상수지 균형을 회복하려면 유입된 자본이 생산적인 사업에 투자되어야 하나, 이들 국가에서는 부동산 등 고위험 부문에 대한 투자 증가로 이어졌다. 이에 따라 자산가격의 거품이 발생하였고, 금융 시스템은 국내 수요 감소나 환율 절하 등 대내외 충격에 대해 취약해졌으며 부실 여신도 크게 증가하게 되었다.

---

18) 특히 IMF의 처방을 무시하고 자본 통제라는 독자적인(혹은 아시아적인) 방식으로 경제 위기에 대처한 말레이시아와 철저한 개혁과 개방을 통한 시장경제의 완성이라는 IMF의 처방을 따른 한국은 그 정도의 차이는 있으나 모두 위기를 성공적으로 극복하였다는 평가를 받고 있다. 한편, Krugman은 아시아 금융 위기의 원인으로 아시아적 가치를 결부시키는 것이 향후 문제해결에 도움이 되지 못한다고 지적하였다. (≪The Return of Depression Economics≫, Paul Krugman, 1999)

19) <Global Development Finance>, 1998, <Global Economic Prospects and the Developing Countries: Short-term Update>, 1998(이상 World Bank), <Are Currency Crises Predictable?>, IMF Working Paper WP/97/159, December 1997 등을 요약 정리하였다.

또한 경직된 환율제도로 말미암아 경상수지 적자 등 기초경제 여건의 변화가 환율에 반영되지 못하여 경제 시스템이 갑작스런 외국투자자금 유출에 취약할 수밖에 없었다.[20]

둘째, 주로 부동산 등 고위험 자산에 투자된 단기차입금의 증가로 총외채나 외환보유고 대비 단기외채 비율이 금융 위기 이전에 급격하게 상승하였다. 이러한 금융 기관의 자산과 부채의 만기 및 구성 통화에 있어 불일치(mismatching)는 자본유출에 대한 취약성을 증가시키는 요인이 되었다. 우리나라의 종합금융회사가 별다른 규제 없이 해외법인을 통해 단기자금을 조달하여 장기로 운용하여 외부 투자자의 상환 요구에 응할 수 없게 된 경우가 좋은 예가 되겠다.

한편, 동아시아 경제의 취약성을 증대시킨 보다 근본적인 원인으로는 금융 부문 및 기업지배구조의 취약성과 부적절한 거시경제정책 및 감독제도가 거론된다. 기업은 차입 위주의 경영을 통해 매출과 시장점유율 증가 등 양적인 팽창에 집착하여 수익성과 생산성을 향상시키는 노력을 소홀히 하였다. 바람직한 기업지배구조의 부재로 대주주의 일방적인 의사결정이 용이하여 재벌의 선단식 경영과 소액주주의 이익침해 사례가 빈번하였다. 결국 대주주의 도덕적 해이[21]와 자본 배분의

---

20) 1988~1992년 평균대비 1997년 6월 기준 실질 환율이 필리핀 18%, 태국 9%, 인도네시아 5%, 말레이시아가 13% 절상되어 있어 경쟁력 저하와 수출 둔화의 원인이 되었다. 한국도 1997년 9월까지 3년 동안 교역조건이 27%나 하락하였는데도 실질 환율은 조정되지 않았다.

21) 도덕적 해이(moral hazard)는 원래 보험업계에서 사용되다가, 일반 주식회사의 경영자와 주주 간 이해관계 상충 문제(주인-대리인 문제(agency problem))에 확대·적용되었다. 1980년대 중반 미국의 저축대부조합(savings & loans) 위기와 1997년 동아시아 금융 위기

왜곡이 심화되면서 기업경영의 투명성은 극도로 악화되었고 대외신인도도 더욱 하락하게 되었다. 또한, 이러한 기업의 경영활동과 그로 인한 금융기관의 부실을 예방하고 규제할 수 있는 적절한 감독정책의 부재도 외국 금융기관의 대출금 연장이나 신뢰를 상실케 한 주요 원인이었다.

동아시아 금융 위기는 초기에는 일시적 외환 부족이라는 유동성 위기(liquidity crisis)로부터 시작되었다. 그러나 우리나라가 IMF로부터 580억 달러 규모의 긴급 금융지원 계획을 발표한 이후에도 금융시장은 안정을 찾지 못하였으며, 이듬해에는 전반적인 경기침체로까지 발전하였다. 이 점에 대하여 Joseph Stiglitz나 Jeffrey Sachs 등 일부 학자는 IMF 자금지원의 조건(conditionality)이 되었던 고금리 긴축정책에 의한 거시경제정책 운용이 적절치 못하였다는 비판을 하고 있다.[22]

동아시아 금융 위기는 아시아 지역은 물론 여타 선진국에도 많은 변화를 가져오고 국제경제계에 몇 가지 중요한 과제를 안겨 주었다. 첫째, 막대한 규모의 국제투자자본 유통과 금융시장의 통합으로 인해 금융 위기로부터 어느 나라도 자유로울 수 없다는 사실이 부각되었다. 이에 따라 과도한 금융시장의

이후에는 특히 기업들의 과다차입, 금융기관의 무분별한 대출, 예금보증을 극도로 신뢰하는 예금자들의 행태를 설명하는 데 자주 사용된다.

22) 통화가치 하락을 막기 위해서는 시장의 신뢰를 얻고 외국 투자자본의 수익률을 보장해 주어야 하므로 고금리조치가 필연적이다. 그러나 금융 위기 이후 닥친 경기침체에 재정 긴축과 고금리정책은 유효 수요를 급격히 감소시킴으로써 경기침체를 더욱 악화시켰다는 비판이다. 또한 IMF가 경기침체가 시작된 위기 국가에게 대부조건으로 통화 및 재정정책 외에 구조개혁까지 요구하는 것은 월권행위라는 주장이다.

변동성과 위기의 전염효과, 그리고 국제금융시장에서의 도덕적 해이 문제 등에 비추어 국제금융 시스템의 개편이 강하게 요구되었다. 아울러 주요 선진국들은 신흥 시장국의 금융 위기가 자신들의 경제 안정과 무관치 않다는 사실을 인식하게 되었다. 예를 들어 동아시아 금융 위기의 여파는 이들 국가들에만 국한되지 않았다. 주요 채권국인 일본의 금융기관은 1990년 거품붕괴(bubble burst) 이후 축적된 부실채권이 아시아 금융 위기 이후 더욱 악화되면서 한때 금융 위기 가능성이 제기되었다. 또한 아시아 금융 위기의 여파는 1998년에는 러시아와 브라질에도 전파되었다. 이에 따라 미국에서는 신흥 시장국 투자규모가 막대하였던 헤지펀드인 Long Term Capital Management 사가 도산 위기에 처하고, 주가 급락과 채권시장의 신용경색 현상으로 금융 불안이 가중되기도 하였다.

환율제도에 대한 논의도 활발하였는데, 관리변동환율제도와 같은 어중간한 제도보다는 완전한 자유변동환율제도나 고정환율제도와 같이 양극단의 제도가 바람직하다는 주장이 선진국과 IMF를 중심으로 힘을 얻었다. 또한 아시아 금융 위기는 공공부문 채무가 아닌 민간부문 채무로 인한 위기였기 때문에 위기해결에 있어 민간부문의 참여(private sector involvement)가 필요하게 되었고, 그에 따라 각국의 파산법과 채무조정 메커니즘에 대한 논의가 활발해졌다.

둘째, 금융자유화 자체가 금융 위기의 원인이 되지는 않지만 적절한 규제감독 없이 이루어지는 급격한 자유화는 위기의 원인이 될 수 있다는 점이 인식되었다.23) 자유화는 먼저 시장의 안정성을 확보할 수 있는 규제체계를 확립하고 경제주체의 리스크 관리체계를 개선한 후에 점진적으로 진행되어야 한다. 즉, 자유화의 속도와 방법에 있어 신중한 대응이 필요하다는 것이다. 우리나라는 금융 위기를 계기로 완전한 자유변동환율제를 채택하고 대부분의 금융거래를 자유화하였는데, 향후 기업과 금융기관들의 상시적인 위기대응 시스템 구축이 더욱 중요한 과제가 되었다. 특히 기업들의 환율변동 위험에 대한 적절한 대비책 마련은 생산이나 영업활동만큼 중요한 과제로 부각되었다.

한편, 우리 금융기관들은 1997년 금융 위기 이후 금리, 주가, 환율 등 각종 시장지표들의 급격한 변동에 따른 손실을 경험함에 따라 이와 관련된 위험관리에도 관심을 기울이게 되었다. 이에 따라 VAR(Value-at-Risk),[24] 스트레스 테스팅(stress testing),[25] 신용파생상품 등 새로운 선진 위험관리 기법을 적극 도입하였다. 아울러 1997년 금융 위기 이후 경기침체로 부실자산이 급증함에 따라 신용 리스크 관리의 중요

---

23) 1980년대 중반 이후 스웨덴, 핀란드, 노르웨이 등 북구 3국은 경기호황 국면에서 급속한 금융자유화를 추진하면서 경기과열과 그로 인한 기업과 금융기관의 방만한 경영, 자산가격 하락에 따른 금융기관 부실로 금융 위기를 경험하였다.

24) 금리, 주가, 환율 등 기초 시장가격에 대한 미래분포를 예측하여 주어진 신뢰수준에서 포트폴리오의 목표보유 기간 동안 기대되는 최대손실, 즉 향후 불리한 시장가격변동이 특정 신뢰구간 내에서 발생할 경우 입을 수 있는 포트폴리오의 최대손실 규모를 산출하는 기법을 말한다. (《리스크관리 평가 매뉴얼》, 금융감독원, 업무참고자료, 2001. 3)

25) 대출기업의 도산, 주가 및 환율의 폭락 등 일련의 최악의 시나리오(worst-case scenario)하에서 발생할 수 있는 보유 포트폴리오의 가치변동을 분석하는 것을 말한다.

성을 재인식하게 되었다. 이에 따라 차주의 신용도에 따라 등급을 차등 부여하여 여신업무에 활용하는 신용평가 시스템도 적극 도입되었다.

셋째, 연고주의와 과잉투자를 제거하여 기업활동의 투명성과 자본 배분의 효율성을 향상시키기 위해서는 기업지배구조의 개선이 무엇보다 중요하다는 사실이 넓게 인식되었다. 지배구조의 적합성이 기업경영의 효율성 제고와 금융기관의 부실대출 예방은 물론 국제투자자로부터의 자본 유치에도 핵심적인 요건이 되었다. 이에 따라 사외이사, 감사위원회, 대표소송권 제도 등이 적극 도입되었다. 최근 미국에서는 Enron 사 회계부정사건 이후 실물경제의 호조에도 불구하고 기업투명성에 대한 투자자의 신뢰 상실로 금융 불안이 가중된 바 있다. 이러한 사실로 보아 기업지배구조 개선 등 기업투명성 제고 노력은 선·후진국을 막론하고 상시적으로 추진되어야 할 사항이 되었다.

7. 국제금융 체제 개편

견 종 호

국제금융이란 국가간 자본의 흐름을 말하며, 국제금융 체제는 그러한 흐름을 원활하게 하고 문제 발생시 이를 치유하게 하는 유형・무형의 제도와 조직을 의미한다. 최근 국제금융 체제를 개편하자는 주장이 강력히 대두되고 있는 이유는 2차대전 이후 형성되어 변화해 온 여러 금융제도가 국제금융에 본질적으로 내재되어 있는 위험을 효과적으로 차단하지 못한다고 진단되기 때문이다. 물론 이러한 논의를 촉발시킨 계기는 1994년 멕시코, 1997년 아시아, 2001년 아르헨티나 등 신흥시장국 경제에서 발생한 금융위기였다.

세계화의 심화로 인하여 금융 위기는 위기발생 국가뿐 아니라 주변국과 선진국들의 금융 안정도 위협하게 되는 경우가 늘고 있다. 이에 따라 보다 체계적인 금융 위기 방지와 관리를 위한 논의가 본격화된 것은 당연한 일이었다. 이와 함께 9.11 테러사태 이후 테러 등 불법활동을 위한 자금조달, 자금세탁(money laundering), 조세회피 등 국제금융제도 남용 행위 규제 문제에 대한 국제적 관심도 높아지고 있다. 현재 진행중인 국제금융체제 개편논의는 대략적으로 세 분야로 대별할 수 있는데, 첫째, 국제금융 위기 예방과 관리방식 개선, 둘째, 국제통화금융 체제 운영개선과 기구개편, 셋째, 국제금융제도의 남용 축소 문제이다.

금융 위기 예방과 해결

먼저 국제금융 위기 예방과 관리방식 개선 문제는 1994년 말 멕시코 금융 위기를 계기로 제기되기 시작하여 1997년 아시아 금융 위기 이후에 중요한 국제 이슈로 부각되었다. 이는 금융 위기 예방을 위해 선진국들도 적절한 제도적 준비와 대비를 하지 못했다고 반성함으로써 가속화되었다. 즉, 신흥시장국의 금융 위기 원인은 기본적으로 금융 위기국 자체의 금융제도가 취약하다는 데 기인하고 있지만, 1990년대 이후 급격히 증가한 국제자본 이동, 특히 헤지 펀드26)의 급속한 이동에 대한 선진국의 적절한 규제 부족과 IMF의 금융 위기에 대한 효율적 대응 미흡에도 그 원인이 있다는 데 많은 국가들이 공감하게 된 것이다. 한편, 위기 해결을 위한 채무조정 과정에서 민간 채권자들의 참여 확대와 이를 위한 국제적 협력의 필요성도 제기되었다.

이러한 개편 논의의 기본적인 방향은 1999년 6월 프랑크푸르트에서 개최된 G7 재무장관회의 보고서에 잘 나타나 있

---

26) 아시아 금융 위기 발발 이후 헤지 펀드가 금융 위기의 원인을 제공했다는 주장이 대두되었는데, 1998년 7월 미국 헤지 펀드 사인 LTCM(Long Term Capital Management)이 파산 위기에 처함으로써 헤지펀드 등 선진국의 과다차입기관(HLI)에 대한 규제 필요성에 대한 논의가 활성화되었다.

다.27) 이 보고서에서 제시된 사항에 대한 논의 동향을 분야별로 살펴보자. 첫째, 금융정보의 투명성 제고와 국제기준 개발 문제와 관련하여 IMF는 ROSC28) 사업을 통해 각국이 국제금융 기준을 준수하는지 여부를 감시하고 있다. 또한, 국제결제은행(BIS)과 IMF는 개도국에 대한 외채통계를 개선하고, BIS 국제금융통계 작성대상에 신흥개도국을 추가하는 등 금융정보의 투명성을 제고하려는 노력을 진행중이다. 아울러, IMF는 재정투명성에 대한 최적관행 규범 등 금융투명성 제고를 위한 각종 국제기준을 개발하여 각국에 기준 이행을 권고하고 있다.29)

둘째, 신흥시장국의 취약한 금융 시스템, 경직된 환율제도

---

27) 이 보고서는 국제금융 체제의 안정성 제고와 효율성 증진을 위해 ① IMF 등 국제금융기구의 개혁, ②금융 정보의 투명성 제고 및 국제금융기준 개발, ③선진국의 금융 건전성 규제 강화, ④신흥시장국의 금융제도 강화, ⑤금융 위기 예방과 해결을 위한 민간부문의 참여 확대, ⑥환율제도 개선 등이 필요하다는 사실을 강조하였다. 그후 국제금융 체제 개편 논의는 IMF와 금융안정포럼(Financial Stability Forum: FSF)이 중심이 되어 이 보고서를 기초로 하여 구체적인 실행계획을 마련해 나가고 있다.

28) ROSC(Reports on Observance of Standards and Codes)는 각국이 국제금융 기준을 준수하는지 여부를 감시하기 위해 1999년 3월 IMF가 출범시킨 사업이다. 이 사업을 통해 IMF는 재정·금융·통화정책의 투명성, 은행감독 등에 관한 각국의 제도와 국제기준 이행 상황을 분석하고 이에 대한 IMF의 평가를 제시하고 있다.

29) IMF는 1998년 이후 국별 외채상황 및 외환보유고에 대한 특별자료 공표기준(SDDS : Special Data Dissemination Standard)을 강화하고, 금융정보의 투명성 제고를 위해 "재정 투명성에 대한 최적관행 규범(Code of Good Practices on Financial Transparency)"과 "통화 및 금융정책 투명성에 대한 최적관행 규범(Code of Good Practices on Transparency in Monetary and Financial Policies)" 등을 채택하였다.

와 과다한 단기차입 등 구조적인 문제점이 외환 위기의 중요
한 원인이었다는 반성에 따라, 이들 국가의 금융 시스템 강화
를 위한 논의가 진행되고 있다. 이러한 논의의 중점은 신흥시
장국의 금융 시스템 강화를 위한 건전성 규제(prudential
regulation) 강화와 금융감독기능 확대에 있는데, IMF와 세
계은행은 신흥시장국의 금융제도 강화를 주목적으로 1999년
5월 '금융 부문 평가 프로그램(FSAP)'30)을 발족, 개도국의
금융제도 정비 및 감독체제 강화 방안을 모색중이다.

셋째, 헤지 펀드 등 선진국의 과다차입기관(HLI : Highly
Leveraged Institutions) 규제 등 선진국의 금융 건전성 강
화도 금융 위기 예방을 위한 주요 이슈로 논의되고 있다. 이
와 관련, 2000년 3월 금융안정포럼(FSF)은 HLI 및 HLI와
직접 연결되어 있는 역외금융센터(OFC : Off-shore Fi-
nancial Centers)에 관한 보고서를 발표하고, 헤지 펀드 자
체의 위험관리 강화, 헤지 펀드 설립에 대한 허가제 실시 등
규제방안을 제시한 바 있다. 이 문제에 대해서 신흥시장국가
들은 선진국이 HLI에 대해 적절한 제재조치를 취할 것을 강
력히 희망하고 있으나, 구체적인 이행에 관해서는 이해 당사
자간 의견이 대립되고 있는 상황이다.

넷째, 금융 위기 예방과 해결을 위한 민간부문의 참여 확대
논의는 무분별한 대출을 하여 금융 위기를 초래한 책임이 있

---

30) 금융 부문 평가 프로그램(FSAP: Financial Sector Assessment
Program)은 금융 부문의 구조적 취약성을 파악하고 적절한 정책 대
응을 통해 향후의 잠재 위기요인을 축소하기 위해 시행되고 있는데,
각국의 금융시장 및 금융기관의 구조, 금융 관련 법과 제도, 금융감독
체계를 망라하여 금융 부문의 취약성을 초래하는 요인을 종합적으로
추출, 분석하는 것을 주요 내용으로 하고 있다.

는 민간 투자자들을 공적자금으로 구제하면 도덕적 해이(moral hazard)를 초래하고 위기 재발의 원인이 될 수 있으므로 이들도 손실을 분담해야(bail-in) 한다는 데 기본적 인식을 두고 있다. 민간부문 책임분담의 필요성에 대해서는 대부분의 국가들이 공감하고 있지만, 구체적 분담의 방식에 있어서는 의견이 대립중이다.

이와 관련 최근 IMF는 아르헨티나 사태를 계기로 국가채무조정절차(SDRM : Sovereign Debt Restructuring Mechanism) 도입과 관련된 논의를 제안하였다. IMF의 안은 특정국가가 지급불능 위기에 처했을 경우 국내와 같은 파산제도(예를 들면 미국의 파산법 11조)가 없어 금융 위기가 악화되는 문제가 있음을 감안하여, 금융 위기시 신속한 채무조정 절차가 이루어질 수 있도록 국내법상 파산제도와 같은 제도적 장치(statutory basis)를 국제적으로도 마련하자는 것이다. 이와 함께, IMF는 관련 분쟁 해결을 위한 사법적 기구도 창설하자고 주장하고 있다. 이에 대해 미국은 집단행동조항(collective action clause)31)의 도입에는 찬성하나, 채무조정에 있어 제도적 장치도입보다는 채권자와 채무자 간 자발적 계약을 기반으로 한 접근방법(contractual approach)을 주장하고 있다.32) 이 문제는 앞으로 IMF 제도개혁 및 금융 위기 관리를 위한 주요 이슈로 심도 있게 논의될 전망이다.

---

31) 집단행동조항은 모든 채권자가 동의하지 않더라도 채권자의 절대 다수(예를 들면 75%)가 동의하면 나머지 소수 채권자의 동의 여부와 관계없이 신속한 채무조정을 진행할 수 있게 하는 채권자-채무자 간 계약조항을 뜻한다.
32) 2002년 4월 IMFC 회의에서는 양측 안을 병행하여 해결책을 모색키로 하였다.

다섯째, 신흥시장국가의 환율제도에 대해서는 자유변동환율제 또는 고정환율제 양자 중 하나를 선택하는 것이 바람직하다는 미국의 견해(일명 two-corner solution)와 양자 사이의 다양한 변형제도 운용도 가능하다는 개도국들의 견해[33]가 양립하고 있으나 대체로 후자의 의견이 대세를 형성하고 있다.

국제금융기구 개혁

한편, 국제금융 위기 예방과 관리방식의 개선 문제와 함께 IMF 등 국제금융기구의 개혁 논의도 국제금융 체제 개편 논의의 중요한 부분을 차지하고 있다. 국제금융기구 개혁 논의는 IMF 자체의 제도개선 및 기능축소 논의와 G20 재무장관 및 중앙은행 총재회의 등의 새로운 협의체 창설 움직임으로 나타나고 있다.

우선 IMF는 보다 효율적인 금융 위기 예방 및 관리를 위한 조직정비 차원에서 1999년 9월 기존의 잠정위원회(IC : Interim Committee)를 국제통화금융위원회(IMFC : International Monetary and Financial Committee)로 개편하였다. 또한 1999년 4월 예방적 신용제도(CCL :

---

33) 2000년 6월 미국 포드재단 후원하에 개도국의 시각에서 국제금융체제 개편방안을 연구한 현인그룹(Emerging Markets Eminent Persons Group)은 2001년 11월 발간한 보고서에서 국제금융기구는 금융시장이 충분히 발달하지 못한 신흥시장국의 상황을 감안하여 이들에게 two corner solution을 강제해서는 안 되며, 각국의 상황을 감안한 적절한 환율제도를 선택하도록 허용해야 한다는 의견을 제시하였다.

Contingent Credit Lines)34)를 신설하고, 2000년 4월 완충재고금융(BSFF : Buffer Stock Financing Facility)35)을 비롯한 4개 금융지원 제도를 폐지하는 등 제도개선 작업을 진행하고 있다.

이와 함께 IMF 활동이 설립 당시의 취지에서 벗어나 지나치게 확대되었고, 단기적 금융 위기에 대해 효율적으로 대응하지 못하고 있다는 비판에 따라 IMF 기능축소 및 활동의 효율성 제고방안이 논의되고 있다. 이와 관련 Meltzer 보고서는36) IMF가 장기적 개발금융 지원 등 부차적 업무는 중단하고, 단기유동성 공급, 환율정책 및 금융 부분 감독기능 등 본연의 업무에 집중해야 한다고 권고하였다. 또한, 이 보고서는 단기유동성 공급도 수혜국의 금융제도 개선과 같은 자구노력을 전제로 해야 한다고 지적하였다. IMF 기능 축소 및 효율

---

34) 일반적인 IMF의 신용공여제도는 금융 위기가 발생한 국가에게 금융지원을 하는 사후적 성격의 제도가 대부분이다. 아시아 금융 위기 이후 사후적 위기관리가 아니라 위기를 예방하는 차원의 금융지원제도가 필요하다는 주장에 따라, IMF는 1999년 4월 예방적 신용제도(Contingent Credit Lines : CCL)를 도입하였다. CCL은 현재 금융 위기에 처해 있지 않으나, 주변국에 위기가 전염될 가능성이 있는 국가에게 금융지원을 하기 위한 제도이다.

35) BSFF는 국제적인 1차산품 완충재고기관협정에 참가한 가맹국에 대한 금융지원을 목적으로 1969년 신설되었다. 주요 기능은 1차산품의 가격안정을 도모하기 위해 관련국에 자금을 제공하는 것인데, 1984년 이후 지원실적이 없었다.

36) 1998년 11월 미하원은 Allan Meltzer 교수를 위원장으로 하여 '국제금융기구 자문위원회(International Financial Institution Advisory Commission)'를 설립, IMF·세계은행·IDB·ADB·AfDB·WTO·국제결재은행(BIS) 등 7개 국제금융기구의 미래 역할에 대해 검토한 보고서를 2000년 3월 발표하였는데, 이를 Meltzer 보고서라고 칭한다.

성 제고 문제는 IMF 개혁의 주요 의제로서 계속 논의될 전망이다.

한편, IMF 개혁 문제와 함께 금융 위기 예방과 대처를 위한 새로운 조직들도 설립되고 있다. 특히, 1999년 2월 독일 본에서 개최된 G7 재무장관회의는 국제금융 체제의 취약 부분을 파악하고 금융 위기 예방방안을 연구하기 위해 금융안정포럼(FSF : Financial Stability Forum)을 창설하였다. 금융안정포럼은 현재 IMF와 함께 국제금융 체제 개편을 실행하기 위한 주요 논의체로서의 기능을 수행하고 있다. 또한 1999년 9월 개최된 G7 재무장관회의는 국제경제에서 차지하는 비중이 급신장한 신흥시장국과의 금융 협의를 강화하기 위해서 G20 재무장관 및 중앙은행 총재회의를 창설하였다. G20는 국제금융체제 개편 문제와 관련하여 개도국들의 이해를 반영하는 주요 협의체로서 기능을 수행하고 있다.

국제금융제도 남용 방지

마지막으로 불법적인 자금조달, 자금세탁(money laundering), 조세회피와 같은 국제금융제도 남용 행위에 대한 규제 필요성이 최근 주요 국제금융 이슈로 대두되고 있다. 유해 조세 관행(harmful tax practices)과 자금세탁 행위는 각국의 조세기반을 잠식하고, 사회적 범죄의 온상을 제공하며 국제금융체제의 신뢰를 저하시키는 결과를 초래하므로 이에 대한 국제적 공동대응이 필요하다는 공감대가 차츰 형성되게 되었다. 특히 9.11 테러 이후 국제적 테러를 지원하는 자금을 차단하기 위한 국제협력의 필요성이 부각되면서 이 문제에 대한 국제적 관심은 더욱 고조되고 있다. 이러한 논의의 자세한 내용은 별도의 장에서 살펴본다.

8. 국제자본 이동과 환율 관리

권 태 용

　오늘날 국제금융시장의 특징을 한마디로 요약하면 대규모의 자본37)이 국경을 넘나들면서 전세계의 시장이 하나로 통합되어 간다는 것이다. IMF, OECD 등 국제기구나 EU와 같은 경제연합체의 주도로 각국 금융시장의 개방과 함께 자본자유화38)가 광범위하게 진행되고 있으며, 정보통신기술 발달과

---

37) 국가간 자본 이동의 장벽이 없다면 자본 이동은 주로 국내외 금리차, 일국의 국제신인도, 그리고 인플레기대수준의 3가지 요인에 의해 영향을 받게 된다. 현재 자본 이동의 자유화는 세계적인 추세지만, 동아시아와 러시아 금융 위기 이후 단기투기자본(hot money)의 국제적 이동이 관련국 경제는 물론 세계경제 전반에 잠재적인 악영향을 줄 수 있다는 인식이 확산되었다. 이에 따라 외환거래에 대하여 과세를 하는 외환거래세(일명 Tobin 세)와 외화 차입의 일정 부분을 중앙은행에 무이자로 예치토록 하는 외환예치제 등 단기투기자본에 대한 규제 논의가 IMF 등 국제기구를 중심으로 진행중이다. 한편, 2000년 중 국제자본이동의 규모는 3조 5,750억 달러(직접투자 1조 1,845억 달러, 주식투자 5,313억 달러, 채권투자 6,517억 달러, 은행차입 등 기타 투자 1조 2,022억 달러)로 추산되는데, 이는 1980년대 평균 연간 자본이동규모(6,075억 달러)의 6배에 육박하는 규모다(IMF, International Financial Statistics 각호).

38) 자본자유화란 내국인과 외국인 간 자산의 자유로운 거래를 허용하는 것을 의미하는데 여기서 내·외국인 간 자산의 거래란 곧 국제수지표에 있어서 자본계정상의 거래, 즉 직접투자와 포트폴리오 투자를 의미

금융 혁신은 자본 이동의 물리적 제약을 무의미하게 만들고 있다. 한편 1970년대 초 브레튼우즈(Bretton Woods) 체제의 붕괴로 주요 선진국의 환율제도가 변동환율제도로 이행됨에 따라 주요국 통화의 환율 변동폭은 지속적으로 확대되었다. 또한 신흥시장국도 일련의 금융 위기 이후 대부분 시장개방과 함께 자유변동환율제를 채택하고 있다.

환율이란 일국의 국내통화와 외국통화(외환) 간의 교환비율[39]을 말하는데 시장에서의 외환수급과 기대심리 등 여러 요인에 의해 결정된다. 과거 고정환율제도하에서는 환율이 외환당국에 의해 일정 기간 고정되어 있기 때문에 대외 경제활동의 안정성이 보장되었다. 그러나 고정환율제도하에서는 경상수지 적자와 같은 대외 부문의 불균형이 대내 부문으로 그대로 전가되는 부작용이 있다. 또한 경제 여건이 변화하면 당초 정한 환율수준을 계속 유지할 수 없기 때문에 고정환율수준 자체를 이따금씩 대폭 변경시킬 수밖에 없어 오히려 불안

한다. 따라서 자본자유화는 국제수지표상의 자본계정에 해당하는 모든 거래에 대한 제약을 제거하여 자본의 자유로운 유출입을 허용하는 것으로 해석할 수 있으므로 자본계정자유화(capital account liberalisation)라고도 불린다.

39) 환율과 관련하여 혼동되는 것이 환율상승, 평가절하 등의 용어 문제다. 환율표시 방법에는 미화 1달러에 대한 다른 나라 통화의 가치를 나타내는 유럽식 표시법(European Terms)과 다른 나라 통화 1단위가 미 달러로 얼마인가를 나타내는 미국식 표시법(American Terms)이 있다. 예를 들어 1US$=1217원, 1US$=115¥ 등이 유럽식 표시법이고, 1£=1.5650US$는 미국식 표시법이다. 일반적으로 외환시장에서는 유럽식 표시법이 사용되고 있으나 영연방통화인 영국 파운드, 호주 달러, 뉴질랜드 달러와 복합통화인 SDR, Euro의 경우는 미국식표시법이 사용된다. 따라서 우리나라와 같은 유럽식 표시법 사용 국가에서 환율상승이란 자국 통화가치의 하락을 의미한다.

정을 심화시킬 수도 있었다. 한편 변동환율제도에서는 환율이 대외부문의 불균형을 해소하는 방향으로 움직여 대외 부문의 충격이 금리나 통화량 등 대내 부문에 미치는 교란을 차단시키는 효과가 있다. 하지만 환율이 단기간에 크게 변동할 수 있어 경제활동의 안정성이 저해되는 부작용이 있다.[40]

대외의존도가 높은 우리나라는 외환 위기 이후 대부분의 경상 및 자본거래를 자유화시키고 자유변동환율제를 채택하였기 때문에 기업들의 환위험 관리 필요성은 더욱 커지고 있다. 환위험이란 구체적으로 불리한 환율 변동에 따라 외화자산 또는 부채의 가치가 변동함으로써 환차손이 발생할 수 있는 위험을 뜻한다. 환위험은 특히 변동환율제도하에서 수출입 등 대외거래의 계약시점과 결제시점이 다르거나 재무제표 작성시 외화 보유자산이나 부채를 원화로 평가(translation)할 때 발생한다. 전세계가 하나의 통화로 통일되지 않는 한, 그리고 고정환율제나 폐쇄 경제를 고수하지 않는 한 환율 변동에 따른 기업수익의 변동성 자체는 피할 수 없으며, 이를 어떻게 관리하느냐는 매우 중요한 과제가 된다. 그럼 환율 변동의 영향을 구체적으로 살펴보고 이에 따르는 위험과 위험관리방법에 대하여 개략적으로 살펴보기로 한다. 환율 변동은 각종 가격변수의 조정과정을 거쳐 국제수지, 물가, 외채부담 등 거시경제적인 변수뿐 아니라 환위험 노출로 인한 기업의 재무구조와 채산성을 변동시키는 등 미시적인 변수에도 영향을 미친다. 여기에서는 미시적인 측면에 초점을 맞추도록 한다.

---

40) 이론적으로 변동환율제도하에서는 경상수지 적자가 발생하면 환율 상승 → 교역조건 개선 → 수출 증가 및 수입 감소 → 경상수지 균형 회복 과정을 통해 환율이 대내외 경제 여건을 자동 조정하게 된다.

환율이 상승(원화가치가 하락)하는 경우 미달러화표시 대외 채무의 원리금(원화기준) 상환 부담이 증가하게 된다. 우리나라의 경우 외화표시채권은 대부분 중앙은행 등 금융기관이 가지고 있는 반면 외화표시채무는 대부분 기업들이 보유하고 있다. 따라서 환율이 상승하게 되면 기업들의 채무상환 부담이 증가하여 해당 기업의 채산성이 악화된다. 또한 경상거래에 있어서도 환율이 상승할 경우 수출기업은 미리 맺은 계약에 대해 환차익이 발생하는 반면, 수입기업은 환차손에 직면하게 된다. 그밖에 환율 상승으로 외국인 주식투자자금 등 해외자본이 환차손을 피하기 위해 유출될 수 있어, 외국인 투자비중이 높은 우리 주식시장에도 환율 변동은 큰 영향을 미친다.

한편, 환율 상승이 지속될 경우 기업들이 가격경쟁력에만 의존하여 품질개선이나 기술개발과 같은 비가격경쟁력 개선 노력을 소홀히 할 수 있어 경쟁력이 약한 산업 부문의 구조조정이 지연될 수 있다. 우리 기업들은 가끔 환율 하락에 따라 수출채산성이 악화되면 정부에 외환시장개입을 요구하곤 한다. 과거 관리변동환율제에서는 정부의 시장개입으로 환율을 어느 정도는 원하는 수준과 방향으로 변동하게 할 수도 있었다.41) 그러나 현재와 같은 자유변동환율제에서는 외환시장의 기본적인 수급 상황을 무시한 외환당국의 시장개입이 거의 불

---

41) 과거 복수통화바스켓 환율제도하에서 환율은 ER = (b×SDR바스켓) + (b′×독자통화바스켓) + a(ER : 한국은행 집중기준율, b + b′ = 1, a : 실세반영장치)로 결정되었는데 b, b′, a는 외환당국인 재무부장관과 한국은행총재의 협의를 통해 결정되었다. 외국환은행간 환율은 시장에서 자유롭게 결정되도록 하였으나 실제로는 한국은행 집중기준율 범위내에서 형성되었다. 또한 외국환은행의 대고객환율도 한국은행집중기준율의 일정 범위 내에서 외국환은행이 결정·고시하였다.

가능할 뿐만 아니라 그 효과도 매우 제한적이다. 현재 우리 기업들의 환위험관리에 대한 인식이 매우 높아졌지만, 아직도 많은 기업들이 환율에 따라 울고 웃는 천수답 방식으로 수출하면서 외환당국의 환율대책을 기대하곤 한다. 그러나 기업들은 궁극적으로 가격이 아닌 품질향상을 통한 경쟁력을 확보해야 하며, 환율 변동에 따라 부도가 나거나 위기에 처하는 기업들은 자원배분 측면에서 장기적으로 도태되는 것이 바람직하다는 점을 인식하여야 한다.

원-달러 환율의 변동폭은 환율제도 변경에 따라 자연스럽게 커졌는데, 금융 위기 이후 자유변동환율제도하에서 그 변동폭은 더욱 커지고 있다.[42] 환율 변동성의 증대는 시장에서 외환수급 불균형을 신속히 조절하여 시장 효율성을 증대시키기도 하지만, 기업의 환위험 노출을 증가시켜 경제활동의 불확실성을 높이는 부작용도 야기한다. 과거에는 환율이 비교적 안정적으로 움직였기 때문에 기업들의 환위험에 대한 인식도 부족하였고 관련 상품 및 제도의 정비도 미흡하였다. 그러나 금융 위기 이후 점차 환율 변동성이 커짐에 따라 기업들은 내부적인 환위험관리 뿐 아니라, 위험관리관련 상품과 시장을 적극적으로 이용하는 외부적인 환위험관리에도 관심을 가져야 한다.

환위험관리기법은 크게 기업 내부자원에 의존하는 내부관리기법(internal management techniques)과 외부 금융시장

---

42) 우리나라의 환율제도 변경 추이 : 고정환율제도(1945.10.~1964.5.) → 단일변동환율제도(1964.5.~1980.2.) → 복수통화바스켓제도(1980.2.~1990.2.) → 시장평균환율제도(1990.3.~1997.11.) → 자유변동환율제도(1997.12.~현재)

을 이용하는 외부관리기법(external management tech-
niques)으로 나누어진다.[43] 전자의 예로는 외화채권·채무
의 만기나 결제통화를 일치시키는 매칭(matching), 환율 변
동에 따라 수출(입)대금을 일찍 받(주)거나 늦게 받(주)는 리
딩과 래깅(leading & lagging), 결제통화 및 거래지역 다변
화를 통한 환위험의 분산(diversification) 등이 있다. 후자
의 예로는 선물환(forward exchange),[44] 차액결제 선물환
(non-deliverable forward),[45] 외환 스왑(FX swap),[46]
통화선물(currency futures),[47] 통화 옵션(currency op-

---

43) <파생금융상품을 이용한 환위험관리>(2001.10 한국은행 경제교실
자료)의 주요 내용을 정리하였다.

44) 계약 시점의 약정환율로 일정 기간 후 외환을 결제하는 거래로서 계약
시부터 만기까지 환율을 고정함으로써 환위험을 헤지할 수 있다.

45) 선물환계약의 일종으로 만기에 계약원금의 상호교환 없이 계약한 선물
환율과 지정환율(fixing rate) 간의 차이만을 지정통화(통상 미 달러
화)로 정산하는 것을 말한다. NDF라고 약칭되는 이 거래는 만기에
두 통화를 총액결제하는 일반 선물환계약과는 달리 차액만을 결제하므
로 결제위험(settlement risk)이 상대적으로 낮은 장점이 있다.

46) 현물환을 매입하면서 선물환을 매도하거나, 만기가 상이한 선물환을
동시에 매도함으로써 필요한 외환을 환위험 없이 조달할 수 있는 방법
이다. 예를 들어 어떤 기업이 현재 백만 달러의 자금이 필요한데 1주
일 후에 백만 달러가 입금될 예정이라고 하자. 이 경우 현물환 백만
달러 매입과 동시에 선물환(1주일물) 백만 달러를 매도하면 환위험
없이 원화를 매개로 현재 필요한 외화자금을 조달할 수 있다.

47) 선물거래소에 상장되어 있는 미 달러화에 대하여 시장참가자간에 호가
방식에 의하여 결정되는 선물가격으로 일정 기간 후에 원화를 대가로
미 달러화를 인수도할 것을 약정하는 거래를 말한다. 선물환이 기업과
금융기관간 1대1 사적 계약의 성격을 가지는 데 비해 이 거래는 공인
된 거래소에서 이루어진다는 점에서 차이가 난다. 선물환과 마찬가지
로 현물거래와 반대의 선물매입 또는 매도를 함으로 선물 포지션의 청
산에 따른 이익(또는 손실)으로 현물거래의 손실(또는 이익)을 상쇄하
여 환위험의 헤지가 가능하다.

tion),48) 통화 스왑(currency swap)49) 등이 있다. 한편 환위험 관리역량이 부족한 중소기업들이 이용할 수 있는 환위험 보험도 있다.50)

최근 달러화가 약세를 보이고 유로화가 강세를 보이고 있는데, 이 경우 기업의 환위험 관리방법을 구체적으로 살펴보자. 예를 들어 달러화 표시 수출비중이 높은 기업들은 원-달러 환율하락(달러 약세, 원화 강세)으로 매출액 감소가 불가피할 것이므로 향후 수취할 달러와 결제할 달러의 금액이나 지급시기를 일치시켜(matching) 환율 변동의 영향을 최소화할 수 있다. 한편 일정 기간 수취할 달러와 지급할 달러를 예상하여 산출한 기업의 순보유달러(net exposure) 규모를 관리할 필요성이 있는데, 원화 강세가 지속하고 있을 때는 순보유 달러

---

48) 상호 약정한 환율로 외국통화를 사거나 팔 수 있는 권리(option)를 매매하는 거래로서 일반적인 옵션과 마찬가지로 call option은 외국통화의 매입권리를, put option은 외국통화의 매도권리를 말한다. 선물환이 만기일에 거래이행의 의무가 있는 반면 옵션은 매입시 프리미엄을 지급함으로써 만기일에 불리한 거래는 이행치 않아도 되는 권리가 부여된다.

49) 거래당사자 간 보유 외화자산이나 부채를 서로 필요로 하는 통화로 매매하고 만기에 계약 당시 환율로 원금을 다시 반대방향으로 매매하는 거래이다. 계약기간 동안 수입이자 또는 지급이자에 대해서도 계약조건에 따라 교환함으로써 이자에 따른 환위험을 회피할 수 있다.

50) 한국수출보험공사에서 2000년 2월부터 취급하기 시작한 보험으로 플랜트 등 중장기연불수출의 경우 유용한 제도이다. 기본계약 내용과 실질적 효과면에서 선물환계약과 유사한데 이 보험을 통해 환율을 고정시킴으로써 환율하락 위험을 헤지할 수 있다. 예를 들어 달러화 표시 수출을 한 기업이 실제 수출대금을 받는 시점에 환율이 떨어져(달러가 약세가 되어) 환차손이 우려되는 경우 환위험보험에 가입하여 환율수준을 약정함으로써 대금수취시 실제 환율이 약정환율보다 낮을 경우 차액을 수출보험공사로부터 보전받게 된다. 반대의 경우 수출보험공사가 차액을 환수한다.

의 일정 부분을 조기 처분해 달러 약세에 따른 위험을 헤지51)할 수 있다.

한편, 수출계약 체결시 달러화 결제비중을 줄이고 강세를 보이는 통화를 통한 결제비율을 높이는 것도 위험을 줄이는 방안이 될 수 있다. 예를 들어 강세를 보이는 유로가 통용되는 유럽으로의 수출을 늘리고 북미지역으로의 수출비중을 줄이는 것이다. 또한 미래 수취할 수출대금(달러)의 가치하락으로 인한 환손실 위험을 회피하기 위하여 선물환시장을 이용해 동일한 금액의 달러매입 선물계약을 함으로써 환율변동에 따른 가치변동의 불확실성을 어느 정도 줄일 수 있다. 또한 인적·물적 자원이 풍부한 대기업은 전사적(全社的) 외환통합관리 시스템을 구축함으로써 수출부서에서 들어오는 달러를 수입부서의 결제대금과 매칭(matching)시키는 등 사내 환관리가 가능할 것이다. 기업들이 연간사업계획을 수립할 때 적용환율을 가능한 보수적으로 잡는 것도 기업재정의 건정성을 확보할 수 있는 방법이다.

마지막으로 기업들의 환위험관리는 위험을 헤지하는 수준에서 이루어져야 하며 관련 상품을 통한 환차익의 추구는 위험한 결과를 초래할 수 있음을 잊지 말아야 한다. 기업들은 기본적으로 영업활동을 통하여 이윤을 추구해야 하며 이 과정에서 발생하는 환위험에 대비하여 적절한 위험관리 시스템을 도입하여야 한다. 그렇지 않고 기업이 영업활동과는 무관한 금

---

51) 헤지(hedge)란 분산투자 등을 통해 투자위험을 관리하거나 회피한다는 뜻이다. 따라서 위험관리는 어디까지 미래 환율 변동에 따라 현재 보유한 외환 순포지션의 가치변동을 제거하거나 일정 수준 이내로 제한하는 것이다.

융활동을 통해 환차익을 추구하고자 할 경우 기업활동에 심각
한 불이익을 미칠 수도 있으므로 투기적 성격의 파생상품 거
래는 삼가야 할 것이다.[52]

---

52) 과거 금융 위기 이전 SK증권, 한남투자신탁, LG금속 3개 사가 공동
으로 설립한 역외펀드인 다이아몬드 펀드는 J. P. Morgan 사와의
거래(total return swap이라는 신용파생상품 거래의 일종)에서 초기
투자금액(3,440만 달러)의 5배가 넘는 무려 1억 8,600만 달러(=환
율 1,400원으로 계산시 2,600억 원 상당액)의 손실을 입었다. 이 사
건은 국내 금융기관의 파생금융상품에 대한 지식 부족과 금융 위험관
리에 대한 인식 부재를 전형적으로 보여 주는 사례로 평가된다. 여타
신용파생상품 거래 관련 사건은 자세한 내용을 거의 얻을 수 없는데
반해, 이 사건은 미국 법원에서의 소송사건으로까지 비화되어 자세한
거래내역이 공개됨으로써 위험관리에 있어 우리 기업과 금융기관에 주
는 시사점이 매우 크다. 이에 대한 자세한 내용은 ≪위험관리론≫(오
세경 · 김진호 · 이건호 공저, 경문사, 1999)에 나와 있다.

9. OECD 유해조세관행 규제53)

서 상 표

현 세계경제의 두드러진 현상 중 하나는 자본시장과 금융시장의 세계화·개방화가 진전되어 국가간 자본 이동이 활발히 이루어지고 있다는 것이다. 이로 인해 각국은 다른 나라의 자본을 유치하여 국내 경제발전에 사용할 수 있는 기회를 얻게 되었으며, 또한 유입된 자본으로부터 조세수입도 기대할 수 있게 되었다. 따라서 각국은 외국자본 유치를 위해 법인세 등의 세율을 낮추고 조세제도를 보다 효율적으로 개선하였으며 기업경영에 유리한 환경을 조성하기 위해 노력해 왔다. 한편, 국제자본은 이를 가장 효율적으로 사용될 수 있는 국가로 이동할 수 있게 됨으로써, 세계의 복지가 증대될 수 있는 가능성도 커지게 되었다.

그러나 현실에서 자본과 금융 분야의 세계화가 각국에 발전을 위한 기회만을 제공한 것은 아니었다. 개인과 기업들이 세

---

53) 본 장 내용의 상당 부분이 OECD의 1998년 보고서(Harmful Tax Competition : An Emerging Global Issue), 2000년 보고서(Towards Global Tax Co-operation), 2001년 보고서(The OECD′s Project on Harmful Tax Practices)를 참고하여 작성되었으며, 개별적 인용은 생략한다.

금을 거의 받지 않는 조세피난처(tax havens)로 자본을 이동시켜 조세 납부를 회피하는 사례가 발생하였다. 또한 많은 국가들이 외국의 자본을 유치하기 위해 과도하게 세금을 감면하는 특혜를 제공하는 경우도 생겨나게 되었다. 결국 자본이 유출되는 국가로서는 조세수입 기반이 잠식되어 재정수입이 축소되는 문제가 발생하게 되는데, 외국자본 유치를 위한 이러한 국가간의 경쟁적 세제조치를 유해조세관행(harmful tax practices)이라 한다.

이론적 측면에서 보면 유해조세관행은 조세 부담을 금융, 서비스와 같은 유동성이 큰 경제활동(mobile activities)으로부터 노동, 소비 등 유동성이 작은 경제활동으로 전가시켜 조세의 형평성을 저해한다. 즉, 한 국가의 자본이 조세피난처로 이동하여 그 국가에 세금을 내지 않게 되면, 당해 국가는 그만큼의 세수를 충당하기 위해서 근로세, 소비세 등 다른 경제활동에서 발생하는 세금을 확대하려 할 것이다. 한편, 각국의 과도한 조세감면정책은 국제적 자본이동을 조세의 과다에 의존하게 함으로써 세계적 차원에서 자본의 효율적 배분을 왜곡시키는 문제점도 발생시키게 된다.

이러한 유해조세관행은 국경을 넘어서 발생하는 문제이므로 이에 대한 대처도 범세계적으로 이루어지게 되었다. 1996년 OECD 각료이사회는 유해조세관행에 대한 대처 문제를 다루기로 결정하였고,54) 이어 프랑스 리용에서 개최된 G7 정상

---

54) 1996년 각료이사회 성명서의 관련 부분은 다음과 같다. "develop measures to counter the distorting effects of harmful tax competition on investment and financing decisions and the consequences for national tax bases, and report back in

회의는 이에 대한 지지를 표명하였다. 이후 OECD는 유해조세관행에 대한 대처방안을 논의하였으며, 1998년 각료이사회는 금융 및 서비스 분야의 유해조세관행 규제에 대한 보고서를 채택하였다.

이 보고서는 각국에 유해조세관행을 효과적으로 규제할 수 있는 국내법과 제도를 수립하도록 권고하고 있다. 이를 위해 각국은 조세규정의 투명성을 높이고, 조세 당국이 은행정보를 접근할 수 있도록 허용하고, 국외에서 발생한 소득에 대해 면세제도를 폐지할 것을 제안하고 있다. 또한, 조세피난처와는 금융거래정보의 교환을 강화할 것과, 이중과세방지협정 등 조세 관련 조약에 유해조세관행을 방지하는 조항을 포함할 것을 권고하고 있다. 조세피난처뿐만 아니라 외국의 자본 및 외국에서 발생한 소득에 대해 과도하게 감세 혜택을 주는 조세제도를 가진 국가에 대해서도 동일한 조치를 취할 것을 주문하고 있다. 이러한 조세제도는 자본 유출국의 조세수입 감소를 초래하여 피해를 끼치므로 유해조세감면제도(harmful preferential tax regimes)라 일컫는다. 한편, 보고서는 '유해조세관행 포럼(Forum on Harmful Tax Practices)' 설치를 통해 국제적으로 공동 대응을 해 나아갈 것을 권고하고 있다.

OECD는 1998년 10월 '유해조세관행 포럼'을 창설하고, 보고서의 권고사항에 대한 이행작업에 착수하였다. OECD의 유해조세관행 규제작업은 크게 두 가지 사안에 초점을 두고 있다. 하나는 조세피난처에 대한 규제이며, 다른 하나는 각국의 유해조세감면제도를 철폐해 나가는 일이다.

1998."

조세피난처 규제작업은 어느 나라가 조세피난처에 해당하는 지 판정하는 것으로부터 시작된다. 이를 위해서 OECD는 4가지의 조세피난처 판정기준을 작성하였다. 이중 가장 중요한 기준은 조세피난처는 세금이 없거나 명목적인 수준의 세금만 부과한다는 것이다. 이 기준을 필수요건으로 하여 다른 3가지 기준들 중 하나에 해당되면 조세피난처로 판정된다. 그 3가지 기준이란 첫째, 해외 거주자에 대해서만 조세감면 혜택을 부여하거나(ring fencing)[55] 둘째, 조세 관련 법령 또는 제도 운영의 투명성이 결여되어 있거나, 셋째, 과세 당국의 정보접근 제한으로 국가간 효과적인 정보교환이 불가능한 경우를 말한다. 이 기준들을 토대로 2000년 6월 OECD는 35개 조세피난처 명단을 발표하였다. 그후 OECD는 이들 조세피난처에게 조세제도의 투명성을 높이고 과세 정보교환을 촉진함으로써 제도상의 유해적 요소를 2005년 12월까지 제거하도록 요청하였다.

2002년 4월 현재 7개 조세피난처를 제외하고는 모두 OECD 권고대로 제도를 개선할 것을 확약하였다.[56] OECD는 제도개선을 약속하지 않은 비협조적 조세피난처에 대해 계속해서 설득 작업을 해나갈 것이나, 제도개선을 끝내 거부할 경우에 대비해 제재조치도 강구하고 있다. 검토중인 제재조치로는 조세피난처와 거래하는 기업에 대해 거래내용을 보고하

---

55) ring fencing이란 조세감면 혜택을 비거주자, 외환거래 등에 한정함으로써 자국의 과세 베이스에는 영향을 주지 않으면서 외국의 자본을 유인하는 것을 말한다.
56) 현재 '제도개선을 약속하지 않은 비협조적 조세피난처'(unco-operative tax havens)는 Andorra, Liechtenstein, Liberia, Monaco, Marshall Islands, Nauru, Vanuatu 7개이다.

도록 의무화하며, 필요에 따라 세무조사를 실시하고, 조세피
난처로부터 발생한 소득에 대해 과세하는 것이다. 그리고 조
세피난처와 조세 관련 조약을 체결치 못하도록 할 예정이다.

  유해조세감면제도 시행국은 상대적으로 큰 규모의 국내 과
세기반을 가지고 있다는 점에서 조세피난처와 구분된다.
OECD는 우선적으로 회원국의 유해조세감면제도 철폐작업에
들어갔다. 그 결과 2000년 6월 OECD 각료이사회는 금융,
유통 및 서비스 분야에서 22개 회원국의 47개 조세제도를 유
해조세감면제도로 잠정적으로 판정하였다.[57] 이에는 미국의
해외판매법인(Foreign Sales Corporation)[58] 제도를 비롯
하여 프랑스, 독일 등의 제도들이 포함되었으며, 우리나라는
은행업 분야에서 '역외금융소득에 대한 면세제도(조세특례제
한법 §21조②)'가 포함되었다. OECD는 회원국 유해조세감면
제도 47개가 최종적으로 유해한지 여부를 판정하기 위해 그
준거로 활용될 기준(application notes)[59]을 작성중에 있
다. 이 기준이 마련되면 2003년 4월경까지 회원국의 해당 제
도가 유해조세감면제도인지를 최종 확정할 예정이다.

  한편, 유해조세감면제도가 세계적인 현상임을 감안하여
OECD는 비회원국에 대해서도 이 제도들을 축소해 나가도록

---

57) 47개 유해감면제도는 보험, 금융 및 리스, 펀드매니저, 은행업, 유통,
    서비스 등 분야에서 판정되었다.
58) 미국의 본사가 해외에 설립한 paper company인 해외판매법인(FSC
    : Foreign Sales Corporation)을 통해 미국 상품을 수출할 경우,
    수출 소득의 일부를 FSC 소득으로 간주하여 본사의 법인세 과세대상
    에서 제외하는 제도이다.
59) 유해 여부 판정기준(application notes)에는 과세 관련 정보교환 여
    부, 과세제도의 투명성 여부, ring-fencing의 존재 유무 등이 포함되
    어 있다.

협력을 강화하고 있다. 이러한 노력의 일환으로 남미 및 아·태지역에 사절단을 파견하거나, 지역 세미나를 개최하고 지역 조세행정기구와 협력을 모색해 나가고 있다.

유해조세관행의 규제에 대한 국제사회의 인식이 높음에도 불구하고 그 동안의 OECD 작업과정은 순탄치 않았다. 1998년 OECD 유해조세관행 규제에 대한 보고서가 채택될 당시 룩셈부르크와 스위스는 이를 반대하여 기권하였다. 이들 국가는 유해조세관행이 비단 금융과 서비스 분야에만 있는 것이 아니라 산업 및 통상 분야 등 전 분야에서 행해지는 것임에도 불구하고, 보고서가 은행비밀철폐 등 금융 분야만을 다루고 있어 불공정하며 균형감각을 잃고 있다고 주장하였다. 한편, 일부 조세피난처들은 유해조세관행 규제작업이 OECD 시각에 치우쳐 있고 공정성과 투명성이 부족하다는 의견을 피력하기도 하였다. 특히, 조세피난처 판정기준 중 해외 거주자 등에게만 조세감면 혜택을 부여하는 기준(ring fencing)에 대해서는, 조세감면이란 기본적으로 권장되어야 한다는 의견과 이 기준이 각국의 조세 주권을 침해할 소지가 있다는 주장이 우세하여 2001년 11월 OECD는 비협조적 조세피난처를 판정할 때에 이를 적용하지 않기로 하였다. 따라서, 제도의 투명성과 효과적인 과세정보 교환의 관점에서만 비협조적 조세피난처를 판정하게 되어, 판정기준이 다소 완화되는 결과를 초래하였다.

OECD 유해조세관행 규제작업은 기본적으로 각국의 조세 주권 침해 가능성과 맞물려 있어 신중하게 진행되어 왔다. 또한 OECD는 그 동안 여러 보고서를 통하여 작업목표는 전세계적으로 자유롭고 공정한 조세 경쟁 환경을 조성하는 것이지, 개별 국가의 조세율이나 조세제도를 특정한 방향으로 유도하는 것이 아님을 명백히 밝히고 있다.

OECD의 유해조세관행 규제작업에 여러 가지 난관이 있지만 시간이 걸리더라도 작업은 꾸준히 진척될 것으로 전망된다. 특히, 지금은 금융과 서비스 분야에 한정되어 작업이 진행되고 있지만 룩셈부르크와 스위스가 문제를 제기하였듯이 향후에는 제조업 등 실물 분야도 작업대상에 포함될 것으로 예상된다. 우리나라는 이러한 OECD 논의 동향에 대비하여 유해조세관행 규제논의에 시작부터 적극적으로 참여해 왔다. 유해조세관행과 관련한 OECD 권고에 대해서는 '국제조세 조정에 관한 법률'60)에 조세피난처 관련 규정 정비 등 국내법과 제도를 정비하여 이를 이행해 나가고 있다.

자본시장 개방과 인터넷 등 정보통신기술의 발달로 국제자본 이동이 그 어느 때보다 쉬워진 지금의 상황에서, 개별 국가들은 유해조세관행을 통한 해외자본 유치에 대해 매력을 느끼게 된다. 이에 대응하여 국제경제의 관리 차원에서 이러한 유해조세관행을 규제하려는 국제적 노력도 점증할 것이다.

---

60) 국제조세 조정에 관한 법률은 1996년에 제정되어, 국내 거주자가 20% 이상의 주식을 보유하고 있는 기업에 대한 과세, 국내 거주자가 비거주자에게 증여할 때의 과세 등 내용을 포함하고 있다.

10. 자금세탁방지

서 상 표

자금세탁(money laundering)이란 마약거래, 무기밀매, 뇌물수수, 탈세 등으로부터 발생한 불법 재산을 합법적인 재산으로 위장하는 과정을 말한다.[61] 금융범죄의 하나인 자금세탁은 일반적으로 조세피난처(tax havens)에 세워진 유령회사(paper company)를 통해 이루어지고 있으며, 간혹 일반은행에서 발생하기도 한다. 자금세탁은 금융시장에 대한 신뢰를 훼손시키고 부패를 조장할 뿐 아니라, 주로 범죄집단에 의해 이루어져 사회적으로 많은 폐해를 유발시킨다. 또한, 자금세탁을 통한 자금 이동은 경제통계의 측정 오차를 야기하여 자원배분을 왜곡함으로써 장기적인 경제발전을 저해하기도 한다. IMF는 이러한 자금세탁 규모를 전세계 GDP의 2% 내지 5%라고 추정하고 있는데, 이를 1996년 통계로 환산해 보면 약 6천억 불 내지 1조 5천억 불에 상당한다.[62] 6천억 불이

---

61) 자금세탁은 일반적으로 다음과 같이 3단계 과정으로 진행된다. 첫째, 불법자금의 예치(placement)이다. 주로 소액예금으로 분할하여 합법적인 예금과 혼합한다. 둘째, 자금의 층쌓기(layering)이다. 자금을 여러 차례 이체하여 출처를 은닉한다. 셋째, 자금의 통합(integration)이다. 세탁된 자금을 가지고 합법적인 자산을 취득한다.

라는 수치는 1996년도 스페인의 GDP와 거의 비슷함을 감안할 때, 전세계적으로 이루어지는 자금세탁 규모는 매우 크다고 하겠다.

국제사회에서 자금세탁 행위를 방지하기 위한 논의는 마약거래자금 차단에서 시작되어 차츰 뇌물수수, 조세포탈, 무기밀매, 인신매매 등 다른 분야로 확산되어 갔다. 특히, 1990년대 들어 금융·자본시장의 세계화와 파생금융상품63)의 발달로 국제적인 자금세탁이 그 어느 때보다 수월해졌다. 이로 인해 개별 국가의 노력만으로 자금세탁을 방지하기에는 한계가 드러나게 되었고, 국제적 차원의 협력이 강화되기 시작하였다.

세계적 차원의 자금세탁 방지 노력은 자금세탁방지기구(FATF : Financial Action Task Force on Money Laundering), 세계 금융정보분석기구64) 간 협력체(Egmont Group), 아·태지역 자금세탁방지그룹(APG: Asia/Pacif Group on Money Laundering) 등 자금세탁방지 전문기구에서 주로 이루어지고 있다. 이중에서 1989년 파리 G7 정상회의 이후 OECD 회원국을 주축으로 설립된 FATF

---

62) 자금세탁방지기구(FATF : Financial Action Task Force)의 인터넷 홈페이지 Basic Facts about Money Laundering에서 참조하였다.

63) 채권, 금리, 외환, 주식 등의 금융자산을 기초로 파생된 상품으로, 선물, 옵션, 스왑 등을 말한다. 1996년에 파생상품의 세계시장 규모는 약 20조 달러에 이르고 있다.

64) 금융정보분석기구(FIU : Financial Intelligence Unit)는 금융기관으로부터 자금세탁 관련 혐의가 있는 거래 등 금융정보를 수집·분석하여, 이를 법집행기관에 제공하는 국가기관을 말한다. 우리나라는 2001년 11월 재정경제부 산하에 금융정보분석원을 설립하였다.

가 자금세탁방지에 대한 국제규범을 제정하고 이행하는 데 선도적 역할을 하고 있다.[65] 1990년 FATF는 40개 권고사항을 제시하였는데, 이에는 형법제도, 수사, 금융감독, 사법 공조, 국제협력 등 여러 분야에서 자금세탁방지를 위해 각국이 취해야 할 조치가 포함되어 있다.[66] FATF 40개 권고사항은 현재 전세계적으로 자금세탁방지를 위한 모범규준이 되고 있으며, 각국은 이를 준거로 하여 자국의 자금세탁방지제도를 개선해 오고 있다. 2001년 9월 제정된 우리나라 자금세탁방지법, 즉 '특정금융거래정보의 보고 및 이용에 관한 법률'과 '범죄수익 은닉의 규제 및 처벌 등에 관한 법률'도 상당부분 40개 권고사항을 참조하여 만들어진 것이다.

FATF의 주요 임무 중 하나는 자금세탁방지에 비협조적인 국가(NCCT : Non-cooperative Countries and Territories) 목록을 작성하여 국제사회에 발표하는 것이다. NCCT는 금융기관에 대한 규제 및 감독의 적절성, 고객신분 확인 요구, 국가간 정보교환, FIU 설치 여부 등 25개 기준에 의거하여 지정된다. FATF는 총회 개최시[67]마다 NCCT 목

---

65) FATF 회원국은 29개 국가와 2개 국제기구(European Commission, Gulf Co-operation Council)로 이루어져 있으며, OECD 회원국 중에서는 한국, 폴란드, 체코, 헝가리, 슬로바키아가 미가입 상태이다. 우리나라는 2001년 11월 금융정보분석원 설립 이후 FATF에 가입을 추진하고 있다.

66) FATF 40개 권고사항의 주요 내용은 ①범죄적 자금세탁의 범위 규정 및 형사처벌, ②세탁된 재산 및 이로 인한 수익의 몰수, ③고객 확인, 기록보존 및 의심스러운 거래의 신고, ④국가간 협력 및 자금세탁관련 국제협약 비준, 이행 장려 등이다.

67) 총회는 연간 3회(2월, 6월, 10월) 개최되며, 프랑스 파리에 소재하고 있는 OECD 본부에서 2회, 회원국에서 1회 개최된다.

록을 갱신해 오고 있으며, 최근 개최된 2002년 6월 총회에서 15개국[68]을 NCCT로 지명했다. FATF는 회원국 금융기관에 대해서 NCCT로 지정된 국가의 회사, 개인, 금융기관과 거래할 경우 주의할 것을 촉구하고 있으며, 자금세탁방지제도가 매우 취약한 국가에 대해서는 제도개선을 하지 않을 경우 IMF, 세계은행과 협의하여 추가적인 제재조치를 취하겠다고 경고하였다. NCCT로 지명될 경우 상당한 불이익이 예상되므로 각국은 이에 대해 적극적으로 대응하고 있는데, 실제로 2001년 6월 총회에서 자금세탁입법 권고를 받은 러시아와 필리핀은 조속히 관련 법령을 제정하기로 하였다.

1995년 6월 각국의 FIU간 협력기구로 출범한 Egmont Group[69]도 국제적인 자금세탁 방지에 지대한 역할을 하고 있다. Egmont Group은 각국 FIU간의 협력을 강화하고, 개도국에서 FIU의 신규 설립을 지원하고 있다. 최근에는 각국 FIU 상호간에 금융거래정보 교환을 위한 양해각서 체결을 장려하고 있으며, 이를 위해 양해각서표본(Memorandum of Understanding model)을 제시하기도 하였다. 우리나라 금융정보분석원은 타국과 양해각서 체결시에 Egmont Group의 표본을 참고하고 있다. 우리나라는 2002년 6월 현재 벨기

---

68) 현재 NCCT는 쿡 아일랜드, 도미니카, 이집트, 그라나다, 과테말라, 인도네시아, 마샬 군도, 미얀마, Niue, 나이지리아, Nauru, 필리핀, 러시아, St Vincent and the Grenadines, 우크라이나 총 15개국이다.

69) Egmont(에그몽) Group의 명칭은 첫회의가 개최된 브뤼셀의 건물 이름(Egmont-Arenberg Palace)에서 따온 것이며, 현재 회원국수는 69개국이다. 우리나라(금융정보분석원)는 2002년 6월 모나코에서 개최된 Egmont Group 총회에서 회원국으로 신규 가입하였다.

에와 양해각서를 체결하였으며, 미국·일본·영국 등과 양해각서 체결을 추진하고 있다.

아·태지역 자금세탁방지그룹(APG)은 1998년 3월에 자금세탁방지 관련 아·태지역 국가간 협조를 목적으로 창설되었으며, 2002년 6월 현재 회원국수가 우리나라, 미국, 일본을 포함하여 25개에 이르고 있다. APG는 FATF 스타일의 지역기구로 탄생되어 그 기능과 형태가 근본적으로 FATF와 비슷하다.70) APG는 매년 연례회의와 워크숍을 개최하여 각국간에 정보를 교환하고 있으며, 회원국 상호간에 자금세탁방지제도에 대해 자체 평가를 시행하고 있다. APG에서 우리나라의 역할은 지속적으로 강화되고 있는데, 지난 2002년 6월 호주 브리즈번에서 개최된 APG 총회에서 우리나라는 공동의장으로 선출되었으며,71) 2004년 APG 총회를 우리나라에 유치할 예정이다.

자금세탁방지 전문기구 이외에도, UN·IMF에서도 자금세탁방지를 위한 활동을 진행하고 있다. UN은 자금세탁방지 프로그램(Global Programme against Money Laundering)을 통해 회원국에 자금세탁방지제도를 도입하도록 권장하고 있다. 또한 IMF는 세계은행과 공동으로 시행하고 있는 "금융부문 평가 프로그램"(FSAP: Financial Sector Assess-

---

70) FATF 스타일의 지역기구는 그밖에 Caribbean Financial Action Task Force(CFATF), Eastern and Southern Africa Anti-Money Laundering Group(ESAAMLG), Financial Action Task Force on Money Laundering in South America(GAFISUD), Council of Europe PC-R-EV Committe 가 있다.
71) 호주는 APG 사무국 소재지로 상시 총회의장직을 수행하고 있다.

ment Program)[72]을 통해 각국의 자금세탁방지제도를 평가해 오고 있다.

2001년 9월 11일 미국에서 발생한 테러사건은 여러 측면에서 세계경제에 영향을 주었다. 경제활동에 안보(security)라는 요소가 중요하게 대두되어 국가간 상품 이동이 다소 어려워졌으며, 이에 따라 거래비용이 증가하게 되었다. 특히, 금융 분야에서는 테러자금 등 불법자금의 흐름을 추적하여 차단하려는 노력이 강화되고 있다. FATF는 테러사태 직후 2001년 10월 워싱턴에서 개최된 총회에서 테러자금 유통 차단을 위한 8개 특별권고를 결의하여 활동영역을 테러자금까지로 확대하였다. 특별권고는 테러자금을 불법화하고 이를 동결·몰수하도록 하고 있으며, 테러혐의 자금에 대한 보고의무를 부과하고 테러자금 차단과 관련한 UN 협약의 비준을 요구하고 있다. 현재 8개 특별권고의 이행의무가 FATF 비회원국에게도 확산되어 우리나라를 포함한 많은 나라들이 FATF에 이행보고서를 제출하였다.

자금세탁은 세계화된 금융체제의 틈새를 악용하여 불법적인 이득을 획득하려는 범죄행위이다. 앞에서 언급한 바와 같이 현 국제금융 체제는 파생금융상품의 발달에서 보듯이 복잡해진 금융활동과 용이해진 국경간 자금 이동으로 자금세탁의 여지를 높이고 있다. 따라서 이에 대처한 국제적 노력도 계속 강화될 것으로 전망된다.

---

72) 각주 30) 참조

11. 기업지배구조(Corporate Governance)

이 형 종

기업지배구조(Corporate Governance)는 기업을 지휘하고 통제하는 시스템으로 정의[73]된다. 좀더 구체적으로 보면 기업에게 자금을 제공한 주주들이 자신들의 투자에 대한 수익을 보장받기 위하여 경영진의 자원배분에 대한 의사결정을 감독하고 통제하는 체제를 말한다. 주주와 경영자 사이의 관계, 주주의 발행주식 소유비율에 따른 역할과 책임 등 기업의 경영을 둘러싼 권한배분의 구조라고도 할 수 있다. 여기에서 나아가 지배권(control rights)의 행사, 평가 및 감시방법, 그리고 회계·공시제도 등도 기업지배구조가 다루는 영역이다.

기업지배구조의 내용은 기업의 역사와 괘를 같이한다고 할 수 있다. 그렇지만 이러한 문제에 대하여 하나의 포괄적 용어로서 기업지배구조라는 용어가 만들어지고 논의가 활성화된 것은 비교적 최근의 일이다. 1990년대 들어와서 전세계적으로 기업지배구조 문제가 기업과 국가의 경쟁력을 좌우하는 중요한 주제로 인식되면서 세계 각국은 주식회사의 지배구조 개

---

73) 영국이 대기업 경영의 공정성과 투명성 증진작업을 위해 1991년 5월 발족한 Cadbury Committee가 보고서에서 사용하고 있는 정의이다.

선에 많은 노력을 기울이기 시작했다.

기업지배구조가 중요한 이슈로 부각된 것은 몇 가지 국제경제 현상의 특징에서 비롯되었다고 할 수 있다. 무엇보다도 세계적인 시장통합과 금융 자유화에서 그 이유를 찾을 수 있다. 국제자본의 이동이 자유화되는 가운데 자본의 공급자 측면에서는 투자하려는 대상 기업이 조달한 자본을 어떻게 사용하여 기업가치를 극대화하고 이익을 배분하는가에 관심을 갖지 않을 수 없으며, 자본의 수요자 측면에서는 자본을 가장 효율적으로 활용할 수 있는 지배구조를 갖춤으로써 필요한 자본을 보다 용이하게 조달할 수 있다는 생각을 갖게 된 것이다.

주식회사가 공공적 경제주체라는 인식의 확산도 기업지배구조에 대한 관심이 증대되는 배경이 되었다. 주식회사가 거대화, 계열화되고 직·간접적인 이해 관계자가 증가함에 따라 주식회사는 단순히 영리를 추구하는 경제주체로서 의미뿐 아니라 공공성을 띤 주체로서 인식되게 되었다. 따라서 오늘날 주식회사 경영의 통제 및 감독체제는 사회 전반의 관심사안이 되었다. 신흥시장국가들의 경제 위기도 기업지배구조에 대한 관심을 제고하는 계기가 되었다. 금융 위기를 맞은 아시아 국가들의 경우 위기의 원인이 부실경영을 감독하는 시스템 부재에서 비롯되었다는 분석이 있었다. 이에 따라 외환 위기를 극복하는 과정에서 기업의 지배구조를 개선하기 위한 노력이 필요하다고 보았으며, 실제 우리나라의 금융 위기 극복 과정은 기업과 금융기관의 지배구조 조정이 핵심을 이루었다.

기업지배제도는 순수하게 경제적 효율성에 따라 발전된 결과가 아니라 각국이 처한 복합적인 환경의 산물로서, 각국은 산업환경에 가장 적합한 경영제도를 발전시켜 왔다고 할 수 있다. 기업의 소유구조, 금융조달 환경, 법제도, 산업기술 환경은 기업지배구조를 특징짓는 대표적인 요인이라고 할 수 있다. 각국의 독특한 환경하에서 발전되어 온 기업지배구조는 주주(shareholder) 자본주의와 이해 관계자(stakeholder) 자본주의 간의 지향성과 이사회의 형식을 기준으로 3가지 유형으로 분류할 수 있다.

첫째는 영미식 기업지배구조[74]로서 주주 이익의 극대화를 목표로 주주 자본주의를 지향하며, 업무 집행기능과 감독기능이 하나의 이사회에서 통합된 일원적 이사회 시스템을 특징으로 한다. 영미식 모델은 소유의 분산에 따른 전문경영인 지배체제의 정착, 발달된 자본시장(증권 발행에 의한 자본 조달), 주주 행동주의 확산, 자유시장 경제원칙의 정착 등을 배경으로 생성되었다. 영미식은 효율성, 유연성, 민감성이 높고 비교적 큰 기업 수익율을 보장할 수 있다는 장점이 있으나 개별이사, 특히 사외이사의 능력과 운영관행에 따라 지배구조의 효율성에 큰 편차가 발생한다는 단점이 있다.

둘째는 일본·독일식 기업지배구조[75]로서 복수의 이해관계자 자본주의를 지향하며, 경영과 감독기관이 분리된 이원적 이사회 체제를 특징으로 한다. 이 구조는 근로자, 주주, 경영자 등 이해 관계자 그룹이 제도적으로 기업지배 메커니즘에 포함되며, 이들은 기업의 목표설정과 정책결정에 동등한 권리

---

74) Shareholder Capitalism Model 또는 Outsider System이라고도 한다.
75) Stakeholder Capitalsim Model 또는 Insider System이라 칭한다.

로 참여한다. 일본·독일식 모델은 자본시장의 미발달로 경영자 내부 견제 메커니즘의 중요성과 개인 투자자의 보호 필요성, 경영권의 안정과 근로자의 중시에 바탕을 둔다. 이해 관계자가 의사결정 과정에 적극 참여함으로써 기업의 실패 억제와 고용안전면에서 유리하나, 경영의 자율성을 제한함으로써 혁신적 경영을 곤란하게 하는 단점이 있다.

셋째, 혼합형 모델로 프랑스와 우리나라가 채용하고 있는 지배제도로 각 기업이 일원적 또는 이원적 이사회제를 자율적으로 선택하도록 허용한다. 프랑스는 회사가 자유로이 지배구조를 선택할 수 있도록 하고 있는데 실제로는 대다수 기업이 일원적 구조를 취하고 있으며, 우리나라는 상법상 별개 기관으로 감사를 두도록 하고 있어 이원적 구조라 할 수 있으나 이사에 대한 인사권이나 직무집행 감독권이 부여되지 않아 본래 의미의 이원적 구조라고 할 수는 없다. 우리나라와 프랑스 제도에서는 대체로 이사회, 은행, 소액주주의 권한이 약하고, 기업을 소유한 정부나 오너 경영자의 권한은 막강하다. 전반적으로 기업의 투명성이 낮고 시장에 의한 견제기능도 미약한 편이다.

이와 같이 각 국가별로 다양한 기업지배구조가 형성된 가운데 전세계적으로 통용될 수 있는 최적의 기업지배구조 모델을 만들어내는 노력을 시도하게 된 것은 세계화 시대에 있어 당연한 일이라고 할 수 있다. 이러한 최적의 기업지배구조 모델 형성에 가장 선도적 역할을 한 국제기구는 OECD이다. OECD는 기업지배구조에 대한 장기간에 걸친 논의 끝에 1999년 5월 각료이사회에서 'OECD 기업지배구조 원칙

(OECD Principles for Corporate Governance)'을 채택하였다. OECD 원칙의 2대 기본이념은 "주주이익 중시와 이 사회에 의한 경영자의 감독"으로 요약할 수 있다. OECD 원칙은 주주 자본주의에 충실한 모형이다. 비록 이해관계자의 이익도 언급하고 있으나 중요하게 취급하지는 않는다. OECD 원칙은 전문, 본문, 주석으로 구성되어 있으며, 핵심부분인 본문은 기업지배구조 원칙으로 '주주의 권리, 주주의 동등 대우, 기업지배구조에서 이해 관계자의 역할, 공시 및 투명성, 이사회의 책임'에 대하여 규정하고 있다.

먼저, OECD 기업지배구조 원칙은 주주의 기본권리로서 소유권 등록, 주식의 이전권리, 기업에 관한 주요 정보 획득권리, 주주총회 참석 및 투표권, 이사 선출권, 기업 이익에 대한 청구권을 열거하고 있다. 주주는 기업의 근본적 변화와 관련된 결정에 관해 정보를 제공받고 결정에 참여할 수 있는 권리를 보유하며, 주주총회에 참석하여 의결권을 행사할 수 있어야 한다. 특정 주주가 주식보유 비율에 비례하지 않게 지배권을 획득할 수 있도록 하는 자본 구조와 조치는 공시되어야 하며, 기업지배권 시장76)은 효율적이고 투명한 방법으로 작동되어야 한다.

주주의 동등 대우와 관련하여 OECD 기업지배구조 원칙은 소액주주와 외국인 주주에게 동등한 대우를 보장할 것을 요구한다. 모든 주주는 권리의 침해에 대해 적절히 보상받을 수 있는 기회를 보유해야 하며, 내부거래 또는 남용적 자기거래

---

76) 기업지배권 시장(market for corporate control)은 경영자들 또는 경영자 팀들이 기업의 자원을 배분할 권리(경영권)를 얻기 위해 경쟁하는 시장이다.

는 금지되어야 한다. 한편 OECD 원칙은 이사회 구성원과 경영자가 기업에 영향을 미치는 거래 또는 사안에 대해 이해가 걸려 있는 경우 이를 공시토록 하고 있다.

아울러 OECD 기업지배구조 원칙은 투자자, 종업원, 채권자 및 공급자 등 다양한 자원 제공자들의 권리를 인정할 것을 요구하고 있다. 기업지배구조는 법에 의해 보호되는 이해 관계자들의 권리가 존중되도록 해야 하며, 그러한 권리의 침해에 대한 적절한 보상 기회도 보장되어야 한다. 또한 기업의 성과개선을 목적으로 한 메커니즘에 이해 관계자의 참여를 보장하고, 지배구조 과정에 참여하는 이해 관계자에 대해 정보 접근이 가능토록 해야 한다고 규정하고 있다.

또한 OECD 기업지배구조는 공시와 투명성을 강조하고 공시가 필요한 정보로서 기업의 재무 및 영업성과, 기업목적, 주요 주주 및 의결권, 이사회 구성원과 주요 임원 및 보수, 중대 위험요소를 예시하고 있다. 공개되는 정보는 높은 수준의 회계 및 재무기준에 따라야 하며, 연례감사는 독립감사에 의해 수행되어야 한다고 권고한다.

끝으로 OECD 기업지배구조 원칙은 이사회의 기본적 책임과 기능에 대해 언급하고 있다. 이사회 구성원은 신의·성실 원칙에 따라 기업과 주주의 최선의 이익이 반영되도록 활동해야 한다. 이사회는 모든 주주를 공정하게 대우하고 기업이 관련 법률을 준수하도록 해야 하며, 이해 관계자들의 이익을 고려해야 한다. 이사회 주요 기능으로 기업전략 검토, 임원 선발, 독립감사의 신뢰성 검토, 경영진의 이해 상충 점검, 공시 과정 감시 등을 열거하고 있다.

OECD 원칙은 아직은 다소 느슨한 성격으로서 각국이 선택하고 있는 모델에 관계없이 이행상 큰 어려움이 없는 수준에서 합의된 것으로 평가된다. OECD는 2002년 말까지 2년간에 걸쳐 회원국들의 기업지배구조 원칙의 적용 실태 및 기업지배구조 현황에 대해 조사중이다. 이를 바탕으로 추가조사를 거쳐 각국의 기업지배구조 이행에 관한 보고서를 2004년 각료이사회에 보고할 예정이며, 2005년부터 현재의 기업지배구조 원칙에 대한 수정작업을 실시할 계획이다.

앞서 말했듯이 우리나라에서는 1997년 금융 위기를 계기로 해서 기업지배구조에 대한 논의와 개선작업이 본격적으로 시작되었다. 과거 우리나라 기업지배구조의 가장 큰 특징은 지배권이 한 사람의 총수에게 집중되어 왔다는 점이다. 그러한 과정에서 지배 대주주의 절대적 지배를 견제할 세력이 없었으며, 내부 통제장치나 외부 통제장치 또한 미비하였다. 1997년 외환위기 이후 IMF 경제개혁 프로그램은 한국 경제에 대한 금융 구조조정과 기업 구조조정을 핵심으로 하였고, 정부는 이에 맞추어 기업지배구조 개선을 적극 추진하였다. 구체적 개선내용을 보면 사외이사제 도입, 이사회 운영권 강화, 감사제도 개선, 주주총회 활성화, 소액주주의 권리 강화, 기업경영의 투명성을 확보할 수 있는 시장 시스템 마련 등을 들 수 있다. 또한, 전세계적으로 기업지배구조 준칙(codes of best practices)을 제정하는 붐이 일고 있는데, 우리나라에서도 민간기구인 '기업지배구조 개선위원회'가 OECD 기업지배구조 원칙을 기초로 삼아 '기업지배구조 모범규준'을 1999년 9월 제정하여 상장기업들에게 권고하였다.

최근 기업지배와 관련하여 가장 비중 있게 다루어지는 분야의 하나는 공시(disclosure)이다. 여기에는 기업지배 관련 법규 및 기업지배 준칙의 준수 여부, 이사의 보수에 대한 상세한 내역, 기업의 사회적 책임실천 내용, 기업의 위험평가 내용 등이 포함된다. 또한 내부 통제구조가 주목을 받고 있는 가운데 기업부정 방지, 기업경영의 투명성 및 회계 감사인과의 원활한 의사전달, 각 당사자의 이해상충(conflict of interests) 문제도 주요 쟁점이 되고 있다. 최근 미국에서 발생한 기업의 회계 부정은 경제의 신뢰성 위기를 야기하였으며, 다른 무엇보다도 신뢰 회복이 경제 회복의 필수요건이라는 인식을 확산시키고 있다. 이러한 문제는 기업지배구조를 어떻게 개선해 나가느냐와 직결되는 사안이다.

12. 기업의 투명성 제고

권 태 용

2001년 10월 Enron 사 회계부정사건 이후 최근까지 미국에서는 WorldCom 사, Tyco 사, Xerox 사, Merck 사, Quest 사 등 주요 기업의 회계부정사건이 끊임없이 발생하여 실물경제의 호전에도 불구하고 주식시장의 침체를 가속화하고 경기회복을 가로막고 있다. 일련의 회계부정사건으로 미국 경제의 투명성이 크게 훼손되었으며, 기업 수익에 대한 투자자의 의구심도 증폭되어 주가 급락과 미국 금융시장으로부터 자금이 이탈하는 주요인이 되고 있다. 이에 따라 국제표준(global standards)으로 각광받던 미국 자본주의 체제에 대한 신뢰도마저 큰 손상을 입었다.

장부조작, 내부자거래, 탈세 등으로 나타나는 회계 부정의 주요 원인으로는 ①자본시장 참가자들의 이해상충 문제,[77]

---

77) 구체적인 이해상충 사례는 다음과 같은 경우에 발생한다. ①회계법인이 감사대상 기업에 동시에 컨설팅 서비스를 제공하거나, 특정 기업에 독점적인 회계감사를 할 경우, 수익성이 큰 컨설팅 서비스와 지속적인 감사업무 유치를 위해 회계감사를 관대히 하거나 상호 유착할 유인이 존재, ②회계사가 취업예정 기업을 대상으로 회계감사를 수행하거나, 감사대상 기업의 내부감사와 동일 회계법인 출신으로 사적 유대관계가 있는 경우 엄정한 회계 감사가 곤란, ③애널리스트가 분석대상 기업

②무분별한 스톡옵션 부여로 인한 단기실적 위주의 경영 행태, ③부적절한 기업지배구조 및 감독 시스템 등을 지적할 수 있다. 기업회계 부정사건이 속출함에 따라 미국이 그간 규제완화와 자유시장의 이념으로 큰 성공을 거두었지만, 한편으로 지나친 규제완화가 기업의 정직성을 타락시켜 투자자의 신뢰를 상실케 함으로써 오히려 시장기능을 저해할 수 있다는 자성이 일어났다. 이에 따라 기업 부정에 대한 엄격한 규제와 처벌 논의와 함께 회계공시제도 개혁과 기업지배구조 개선을 핵심내용으로 하는 기업개혁 논의가 강력히 등장하였다. 주주 또는 투자자 중심 자본주의(investor-based capitalism)로 정의되는 미국 경제의 신뢰성 회복을 위해 기업 개혁이 우선 과제로 부상된 것이다. 이에 따라 정·관계, 학계, 재계 및 노동계는 회계부정사건을 예방하고 효율적 투자를 보장할 수 있는 각종 기업개혁 방안들을 발표하고 있다.

대표적인 것으로 의회의 기업개혁법안이 있다. 당초 민주당이 다수인 상원과 공화당이 다수인 하원은 독자적으로 회계개혁법안을 마련하였다. 두 법안은 신설될 회계감독위원회(Accounting Oversight Board)의 권한 정도, 기업 범죄행

주식을 소유하거나, 대상 기업의 주식·채권발행 또는 인수합병 등의 업무를 소속 증권사에 유치하여 성과급 등으로 보상을 받는 경우, 유리한 기업분석 보고서 작성이나 목표 주가를 높일 유인이 발생, ④사외이사들이 경영진에 의해 지명되는 경우 사외이사들의 의사결정 독립성 유지가 힘들고, 감사위원회의 감사 관련 의사결정도 경영진에 의해 좌우될 가능성이 상존, ⑤회계기준위원회 등 자율규제기관의 재원이 기업 및 회계사 협회로부터의 분담금에 의존하거나, 인적구성이 회계사 또는 기업 출신 인사 위주로 된 경우, 관련 단체의 로비에 영향을 많이 받아 정확하고 투명한 회계감사 및 공시관련 규정 제정이 어려울 수 있다.

위에 대한 처벌규정, 회계법인의 컨설팅 등 비회계업무 허용 정도에서 상당한 이견이 있었다. 그러나 2002년 7월 25일 공화당은 민주당이 개혁의 필수조건으로 내세운 회계법인에 대한 규제강화를 위한 회계감독위원회 설치에 동의하고, 민주당은 공화당이 제기한 증권범죄에 대한 가중처벌조항을 받아들임으로써 상하원 단일법안(Sarbanes- Oxley Act of 2002)을 마련할 수 있었다. 미국 여야가 함께 마련한 개혁법안은 잇단 회계 부정으로 얼룩진 미국 경제의 신뢰를 회복하기 위한 상하원의 법안 중에서도 규제 강도가 큰 조항만을 모은 초강력 법안으로 평가된다. 이 법안은 2002년 7월 30일 Bush 미국 대통령의 승인을 받음으로써 법률로서 확정되었는데, 그 주요 내용은 다음과 같다.

첫째, 이 법안의 핵심은 무엇보다도 회계감독위원회의 신설에 있다. 미국은 1929년 대공황 이후 증시대책의 일환으로 회계법인에 대해 자율감사권을 부여하였다. 그러나 Enron 사 사례에서 확인된 바와 같이 공정한 감사를 수행해야 하는 Arthur Anderson 사와 같은 회계법인이 다른 이해관계 때문에 공정한 감사를 수행하지 못하였다. 아울러 이러한 부정행위가 미공인회계사협회(AICPA) 등 자율규제기관에 의해서도 적극 제어되지 못했다. 이에 따라 새로운 회계감독위원회를 신설하여 회계법인을 감독하고 관련 규정을 만드는 책임을 부여하였다.[78] 회계감독위원회는 회계사 소환권과 서류제출

---

78) 이 법안의 핵심은 결국 회계법인에 대한 자율감리 체제를 회계감독위원회를 통한 공적감리 시스템으로 변경하고자 하는 데 있다. 우리나라는 그간 회계법인에 대한 감리를 금융감독원에서 담당하고 있었기 때문에 이미 공적감리 체계를 가지고 있다고 할 수 있다.

요구권 등 위반 회계법인에 대한 직접조사권과 징계권한을 보유한다. 다만, 위원선임과 회계법인에 대한 감독 및 처벌에 있어 증권거래위원회(SEC : Securities Exchange Commission)의 영향과 조정을 받기 때문에 완전한 독립성을 갖지는 못하고 있다.

둘째, 회계법인이 감사와 컨설팅 등 非회계업무를 동시에 수행함에 따라 발생하는 이해상충 문제를 해결하기 위한 조항을 마련하였다. 즉, 회계감사를 받는 대상 기업에 대하여 컨설팅 등 9개 부문 비회계업무 서비스를 동시에 제공할 수 없도록 하였다. 또한 법적으로 허용된 업무도 해당 기업의 독립적인 사외이사위원회로부터 승인을 받도록 하였다.

셋째, 회계부정사건 관련자에 대한 처벌이 한층 강화되었다. 과거 회계 부정과 같은 화이트칼라 범죄는 통신 및 우편 사기에 관한 범죄로 처벌하였는데 최고 형량은 5년이었다. 그런데 이 법안은 기업 관련 문서를 5년간 보존토록 의무화하면서 이를 조작하거나 파기하는 범죄에 대하여 최고 20년의 형량 부여가 가능하도록 하였다. 한편 기업범죄 공소시효도 3년에서 5년으로 늘리고[79] 증권사기범은 최고 25년형까지 구형할 수 있도록 했다.

넷째, 회계의 신뢰도를 높이자는 취지에서 최고경영자(CEO)와 최고재무책임자(CFO)에게 대차대조표와 손익계산서 등 결산자료가 사실임을 개인적으로 인증(certify)토록 하

---

79) 이 법안에 대해 미 재계도 대부분 찬성하였지만, 미 상공회의소는 투자자들의 소송 증가를 가장 우려하고 있다. 즉, 공소시효 연장으로 증권사기 관련 소송이 한결 쉬워짐에 따라 소규모 상장기업들의 경영활동이 위축되고 부담이 커질 것이라는 전망이다.

였다.[80] 이 조항으로 만약 회계장부의 내용이 사실과 다른 것으로 판명되면 CEO나 CFO에게 민사책임과 함께 10~20년형의 형사처벌을 부과할 수 있게 되었다.

다섯째, 기업 부정으로 손실을 본 투자자들을 위해 연방정부는 투자자 배상계정을 신설하였다. 회계 부정을 한 기업인들에게 부과한 벌금과 그들로부터 압류한 급여를 이 계정에 적립시킨 후 회계 부정 등으로 피해를 입은 투자자들의 손실보전을 위해 사용할 예정이다. 이 법안은 그밖에 증권거래위원회의 대기업조사 강화, 기업 비리를 폭로한 내부 고발자에 대한 보복 금지, 기업들의 경영자에 대한 대출행위 금지(은행제외) 등의 조항을 포함하고 있다.

한편, 미국의 기업 및 증권감독 관련 감독당국인 증권거래위원회는 회계공시 관련 규정을 대폭 강화하였다. 재무제표를 작성할 때 기업의 재무 상태나 영업에 중대한 영향을 미칠 수 있는 중요 회계 추정사항(critical accounting estimates)과 회계 처리방침의 변경에 대한 공시를 의무화하였다. 이와 함께 정기·수시보고서의 공시사항을 확대하고 보고시한도 대폭 축소하였다.[81] 전미증권업협회(NASD : National Association of Securities Dealers)와 뉴욕증권거래소

---

80) 이 조항은 미국 증시에 상장되어 있는 외국기업에도 적용된다. 다만, 외국기업은 분기보고서는 제외하고 연말 결산보고시 한 차례만 경영진의 개인인증이 첨부된 결산자료를 제출토록 하였다. 2002년 8월 말 현재 이 조항의 적용을 받는 외국기업은 우리나라 기업 13개를 포함하여 모두 1,344개로 파악되고 있다.

81) 분기보고서와 연차보고서의 제출시한을 각각 45일과 90일에서 30일과 60일로 단축하였다. 또한 임원의 자사주 매매 공시시한도 매매후 40일 이내에서 2일 이내로 대폭 줄였다.

(NYSE : New York Stock Exchange)는 애널리스트의 이
해상충 문제를 최소화하기 위하여 규정을 개정하였다. 애널리
스트 또는 당해 증권사가 그 애널리스트가 분석하는 대상 기
업의 주식을 보유하고 있거나, 증권사가 대상 기업의 인수인
이 되는 경우에 해당 기업에 대한 분석보고서 발표를 금지하
는 등 규제를 강화하였다.[82]

　뉴욕증권거래소와 NASDAQ은 상장기업의 지배구조기준을
강화하여 사외이사(independent director)의 요건, 역할 및
권한을 크게 확대하였다.[83] 아울러 임원에 대한 스톡옵션 제
공 여부에 대한 결정은 예외없이 주주총회의 승인을 받도록
의무화하였다. 기업이 특수관계인(related party)과 거래를
할 경우 감사위원회(audit committee) 또는 그와 유사한 위
원회가 검토 및 승인하도록 의무화하였다.

　그밖에, 업계에서도 다양한 기업 개혁방안이 제시되었는데
주요 내용은 다음과 같다. 우선 신용평가회사들은 그간

---

82) 그밖에 주요 내용으로 ①인수합병 대상기업과의 거래 관련 유리한 분
　　석자료 발표 금지, ②인수합병 담당 부서의 애널리스트 감독행위 금
　　지, ③특정 인수합병 행위의 수익을 기준으로 한 애널리스트 보상 금
　　지, ④최근 1년간 분석대상 기업의 주식공모에 주간사나 인수인으로
　　참여하였거나, 기타 인수합병업과 관련하여 수익을 얻은 경우 그 내용
　　공시 의무화 등이 있다.
83) ①이사회의 사외이사 참여 비율 과반수 이상, ②이사회는 비경영이사
　　(non-management director)만의 회의를 정기적으로 소집, ③상장
　　사의 감사위원회, 이사추천위원회(nominating committee), 경영자
　　보상위원회(compensation committee)는 사외이사들로만 구성, ④
　　기업경영 준칙(code of business conduct) 및 윤리강령 도입 의무
　　화, ⑤주주에게 스톡옵션 등 주식 관련 보상안
　　(equity-compensation plan)에 대한 투표 기회 부여 등 기업경영
　　모니터링에 있어 주주 참여 확대 등을 주요 내용으로 하고 있다.

Enron 사 등 부실 기업에 대한 신용평가가 부적절하였음을 반성하면서, 신용평가시 기업 수익을 보다 정확히 평가하고 투자자들에게 간단명료한 의견을 제시하기 위한 조치를 시행하였다. 우선 Moody's 사는 신용등급 평가체계를 재조정하여 신용등급 하향조정 경고를 생략하고 등급 수도 축소하였다. S&P 사는 근원수익(core earnings)에 의한 기업평가 방식을 도입하였는데 다른 신용평가회사들도 이와 유사한 방식을 도입할 전망이다. 근원수익이란 통상적인 기업 회계기준에 따른 수익에 여러 가지 관련 항목을 가감·조정한 것인데,[84] 이를 신용평가 기준으로 채택함으로써 경영자의 조작에 의한 기업 수익의 변동성을 낮춰 보자는 것이다.

한편, 그간 애널리스트들의 투자자 오도행위로 많은 비난을 받았던 투자은행들도 투자자들이 쉽게 이해할 수 있는 주식평가 시스템을 구축하고 객관적인 분석보고서를 제공하기 위한 계획을 발표하였다. 투자자에게 거짓 분석보고서를 제공하였다는 혐의로 1억 달러의 벌금을 부과받은 바 있는 Merill Lynch 사는 기존의 4단계 주식평가 시스템을 3단계로 단순화하고 애널리스트들에 대한 보상기준를 변경하였다.[85]

---

84) 스톡옵션 비용, 진행중인 사업에서 발생하는 구조조정 관련 비용, 감가상각중인 운영자산의 새로운 가치상각 금액(write-down), 연금 관련 비용, 연구개발 구입비용을 비용항목으로 포함한다.

85) 개별 주식에 대한 투자의견 분류를 4단계(적극 매수(strong buy)-매수(buy)-중립(neutral)-매도(reduce/sell))에서 3단계(매수(buy)-중립(neutral)-매도(sell))로 간소화하고 '장기' 투자 의견을 폐지하였다. 또한 애널리스트 급여책정 기준을 회사 이익에 대한 기여도와 시장 영향력·명성 등에서 담당 산업·기업에 대한 분석과 전망의 정확성으로 변경하였다.

스톡옵션의 회계처리에 대한 4가지 견해

처리 방법	옵션 부여시 비용 처리	옵션 행사시 비용 처리	비용처리는 자율에 맡기고 절차상 요건 강화	현행 유지 (비용 처리는 자율에 맡기고 결산보고서에 주기처리)
의의	옵션 부여 시점에 옵션의 미래추정비용을 기업 수익에서 공제	옵션 행사 시점에 행사가격만큼을 기업 수익에서 공제	독립된 사외이사위원회의 승인과 주주총회 의결, 스톡옵션 부여 대상자에 대한 실질적인 자격심사 의무화	옵션 행사시 미래 추정가치를 결산보고서에 주기
장점 (주장 근거)	옵션의 행사시기와 관계없이 기업수익에서 비용처리 가능	스톡옵션의 진정한 비용을 발생 시점에서 회계처리한다는 점에서 상대적으로 정확한 방안	현 제도의 틀을 유지하면서 선택 가능한 대안	현금의 수수가 없는 스톡옵션은 진정한 비용이 아니며 중소기업이나 IT기업의 인재 유치에 도움
단점 (비판)	정확한 비용산정이 어려워 추정액을 회계처리해야 하므로 투자자의 혼란 야기	스톡옵션 행사 시기에 따라 당해년 영업이익이 크게 변동	사외이사의 독립성을 완전히 보장하기 어려운 점 등 절차상의 한계와 스톡옵션에 대한 정확한 회계 처리를 포기하는 절충안에 불과	스톡옵션이 행사될 경우 기업가치에 미치는 명백한 영향을 간과하여 기업수익을 과대계상
지지자	Greenspan연준의장, MaCain 공화당의원, Levin 민주당의원	O'Neill 재무장관, IASB	Pitt SEC 위원장, NYSE, NASDAQ	대다수 CEO, IT기업, Lieberman 민주당의원

회계 부정을 부추긴 요인의 하나로 지목받던 스톡옵션에 대한 규제도 논의되었다. 2002년 8월 말 현재 미국에서는 스톡옵션의 비용 처리 여부를 기업 자율에 맡기고 있는데, 향후에는 스톡옵션 부여 및 행사 관련 절차를 강화하고 어떤 형태로든 비용으로 처리될 가능성이 높아 보인다. 특히, 회계 관련 국제표준 제정에 큰 역할을 담당하는 국제회계표준위원회

(IASB : International Accounting Standards Board) 가 스톡옵션의 비용 처리 관련 규범을 마련중이며 EU 국가들은 이 규범을 2005년부터 적용할 예정으로 있다.[86]

스톡옵션의 비용처리를 주장하는 쪽의 논거는, 비용처리를 하게 되면 기업들의 스톡옵션 제공이 줄고 기업 경영진도 무리하게 주가를 끌어올리려는 인센티브가 줄어 실적조작과 같은 회계 부정이 줄어들 수 있다는 것이다.[87] 이에 비해 반대론자들은 스톡옵션은 현금의 수수가 없어 진정한 비용이 아니며, 비용처리하게 되면 산업계에 부작용을 초래할 것이라고 우려한다. 현재 미국 기업의 경우 경영진에 부여한 스톡옵션 규모가 커서, 비용처리시 영업이익 감소에 따른 실적 악화가 불가피하고 기업의 자본조달이 어려워지며 증시에 악영향을 준다는 것이다.[88] 또한 스톡옵션을 비용처리하게 되면 유능

---

86) 런던에 본부를 두고 있는 이 위원회가 만든 회계기준은 일반적으로 유럽국가에 적용되는데 현행 미국의 일반적으로 인정된 회계원리 (GAAP: Generally Accepted Accounting Principle)와는 다소 차이를 보이고 있다. 현재 미국은 기업개혁법안중 일부규정을 미국내 외국계회사에도 적용할 계획인데 이에 대해 미국-EU간 논쟁이 일고 있어, 향후 미국과 EU, 나아가서 국제적인 회계기준 통일이 주요한 관심사로 대두될 전망이다.

87) 스톡옵션은 그동안 ①스톡옵션 가치를 극대화하기 위하여 경영자가 기업이익을 최대한 과다계상하고 잠재적 손실 위험을 최소화시키는 등 주가와 단기실적을 지나치게 중시하도록 유인하고, ②회계상 비용으로 처리되지 않아 기업의 영업이익을 과대계상시키며, ③ 옵션행사시 주식수 증가로 인한 주당가치의 하락을 반영하지 못해 주가 거품을 조장하고, ③세금감면 등의 혜택을 받음으로써 정부재정을 악화시키는 문제점이 있다고 지적되어 왔다.

88) 2000년중 미국 2000개 대기업 상장주식중 스톡옵션 비율은 16.3% 정도로 추산된다. 분석기관에 따라 다소 차이는 있지만 2000년을 기준으로 S&P 500 상장기업의 스톡옵션을 비용으로 처리하면 평균

한 인재를 유치할 수단이 제약되어 중소 규모의 IT기업의 발전이 크게 저해될 수 있다는 것이다.

향후 스톡옵션 제도는 비용처리뿐만 아니라 그 행사절차도 까다로워지는 방향으로 개선될 전망이다. 특히, 옵션 행사조건의 경우 현재는 해당 기업의 절대적 주가 수준과 같이 단순한 기준이 적용되고 있으나, 앞으로는 동종 업계의 주가 수익률이나 주가 수준과 같이 보다 장기적이고 상대적인 성과기준이 제시될 가능성이 크다.

마지막으로 우리나라의 기업 개혁과정을 간단히 살펴보면, 외환위기 직후에는 사외이사제도 도입, 감사위원회 설치, 대표소송 제기권 도입과 같은 기업지배구조 개선과 결합재무제표제도 도입 등 회계의 투명성 제고에 중점을 두었다. 1999년 대우 분식회계사건 이후에는 회계 공시규정을 대폭 강화하면서 회계부정 관련자에 대한 처벌을 강화하였다. 한편 스톡옵션 처리와 관련해서는 지난 1999년 제도를 본격 도입할 때부터 국내 상장·등록법인들에 대해 스톡옵션 보유자의 경영서비스 제공기간에 따라 비용을 배분하여 계상하도록 의무화하였다. 2001년 Enron 사 사건 이후 현재까지는 애널리스트의 이해상충 문제 최소화, 스톡옵션 부여 절차 강화, 동일 기업에 대한 회계법인의 컨설팅과 감사업무 동시 제공 금지, 공정 공시제도 도입 등 미진한 부분에 대해 추가적인 조치를 시행하거나 검토중이다.

9%~12%의 수익감소가 불가피할 것으로 보인다.

13. OECD 다국적기업 가이드라인

서 상 표

다국적기업(multinational enterprises)은 제2차 세계대전 이후 등장하기 시작하여 현 국제경제 체제에서 중요한 행위자로 자리잡고 있다. UNCTAD에 의하면 오늘날 세계 다국적기업의 해외 계열사가 약 50만 개에 이르고 있으며, 이들 해외계열사의 1999년도 생산규모는 2조 7천억 달러로 세계 GDP 총액의 약 8%를 차지하고 있고, 전세계 총수출의 3분의 1 정도가 이들에 의해 이루어지고 있다.[89] 또한, 세계적인 다국적기업들은 그 연간 매출액이 웬만한 국가의 연간 국민총생산액을 상회하고 있는데, 일례로 미국기업인 General Motors의 1999년도 매출액은 1,766억 달러로,[90] 같은 해 OECD 국가의 하나인 포르투갈의 국내총생산(GDP) 1,645억 달러를 상회하고 있다.[91]

이처럼 다국적기업이 전세계적으로 확산됨에 따라, 다국적

---

89) <1999년도 외국인 직접투자의 세계적 흐름 및 전망>(세계경제 2000년 4월호, 박영호)에서 재인용

90) UNCTAD World Investment Report 2001에서 발췌 ; <세계 FDI의 동향 및 시사점 : UNCTAD 세계투자 보고서를 중심으로>(세계경제 2001년 11월호, 강준구)에서 재인용

91) OECD in Figures, 2000 edition에서 발췌

기업이 소재지 국가의 사회·경제·문화 등 제분야에 미치는
영향에 대한 국제적 관심이 증대하게 되었다. 과거 다국적기
업에 대해 개발도상국을 중심으로 부정적 시각이 표출되기도
하였으나, 지금은 다국적기업을 유치하는 것이 경제성장에 도
움이 된다는 시각이 우세하며 개도국들이 자국의 투자환경 개
선을 통해 다국적기업을 유치하기 위해 힘을 기울이고 있는
현실이다.

　다국적기업은 이제 국제경제 체제하에서 중요한 행위자
(actor)가 되었으며, 이러한 다국적기업의 활동을 잘 관리해
서 세계경제의 안정과 번영에 기여토록 하는 것이 국제사회의
관심 사항으로 부각되었다. 다국적기업이 국제사회에서 관리
되는 틀(framework)로서는 첫째, 2개국이 호혜의 원칙으로
투자를 보호하는 전통적인 양자간 투자협정(BIT : Bilateral
Investment Treaty), 둘째, 다국적기업이 소재지 국가에서
지켜야 할 내용을 제정한 가이드라인(guideline) 또는 행동
규범(code of conducts), 셋째, OECD 및 WTO 등 국제기
구에서 논의되고 있는 다자간 투자협정(MAI : Multilateral
Agreement on Investment)을 들 수 있다.[92]

　이 중에서 양자간 투자협정은 구속력이 있으며 현재 국제사

---

92) 1995년 5월 시작된 OECD 다자간 투자협정 논의는 협상 과정에서
　　동 협정이 각국의 환경, 노동 등에 관한 정책주권을 침해한다는 비판
　　이 제기되는 등 회원국간 의견차이가 노정되어 결국 1998년 12월 협
　　상이 사실상 종결되었다. WTO에서의 국제투자 규범 논의는 1996년
　　12월 싱가포르 각료회의 이후 시작되었는데, 2001년 11월 도하 각료
　　회의 결정에 따라 다자간 투자협정에 포함될 내용에 대한 검토작업이
　　진행중에 있으며, 본격적인 협상은 2003년 5차 멕시코 각료회의 이
　　후 개시될 예정이다.

회에서 가장 보편적인 투자규범이지만, 다국적기업이 여러 나라에서 활동을 하고 있는 현실에 비추어 볼 때 2개국간 적용되는 협정에는 한계가 있다고 하겠다. 따라서 다국적기업을 세계적인 차원에서 관리하자면 다자간에 적용되는 규범을 제정할 필요성이 있다. 다국적기업의 행동규범이나 다자간 투자협정 제정논의는 이러한 시각에서 시작되었다. 본 장에서는 다국적기업이 소재지국가에서 지켜야 할 행동규범을 제정하려는 국제적 노력을 소개한다. 1976년 제정된 'OECD 다국적기업 가이드라인'(OECD Guidelines for Multinational Enterprises) 은 이러한 국제적 노력의 대표적인 결과이다. 반대로 다국적기업 등 외국인 투자에 대한 투자유치국 정부의 의무를 규정하는 다자간 투자협정 제정논의는 본 책자의 다른 부분에서 자세히 논의할 것이다.[93]

다국적기업의 행동규범은 다국적기업이 소재지 국가의 고용 및 노사관계, 환경 및 조세 등 사회 전반에 미치는 부정적 영향을 최소화하고 그 사회에서의 책임을 강화하기 위한 목적에서 제정된다. 이러한 행동규범 제정 노력은 OECD, UN 등 국제기구와, 민간기업, 시민단체 등에 의해 이루어지고 있다. 대표적인 다국적기업의 행동규범에는 OECD 다국적기업 가이드라인을 비롯하여, 코피 아난 유엔사무총장의 주도하에 제

---

93) 다자간 투자협정은 보편적인 국제투자 규범을 제정하는 것으로 투자의 원활한 흐름, 안정적 투자환경 조성 등을 목적으로 하기 때문에 성격 상 투자자를 보호하려는 성격이 강하다. 지난 1998년 12월 OECD 다자간 투자협정 제정협상이 파국에 이른 이유 중 하나는 동 협정이 지나치게 다국적기업 등 투자자의 이익을 대변하고 있다는 비판 때문 이었다. 이와 관련된 내용은 본 책자 20장(통상분야 관리체제-해외 직접투자 자유화를 위한 다자규범 제정논의)에서 상세히 다루고 있다.

정된 유엔 세계협약(UN Global Compact)94), 필립스·캐논 등 기업들이 주축이 되어 1994년 제정한 기업활동 원칙(Caux Principles for Business)95) 등이 있다.96)

　다국적기업의 행동규범 중에서 OECD 다국적기업 가이드라인은 여타 행동규범과는 달리 특별한 의미를 지니고 있다. 다른 규범들이 국제기구나 민간기업 차원에서 추진되고 있는 반면, OECD 가이드라인은 회원국 정부에 의해서 승인을 받았으며, 이행수단과 절차의 완비 수준이 높아 가이드라인의 이행이 효과적으로 이루어지고 있다. 아울러, 다국적기업의 대부분이 OECD 회원국에 의해 설립되었고 이들의 주요한 투자 및 기업활동 역시 회원국 내에서 이루어지고 있는 현실에 비추어 볼 때, OECD 차원에서 다국적기업 행동규범을 제정하여 준수하려는 노력은 매우 중요하다고 하겠다. 실제로 2000년도에 세계직접투자(FDI)의 약 80%가 선진국으로 유입되었다.97)

---

94) UN Global Compact는 1999년 다보스 세계경제포럼에 참석한 코피 아난 유엔사무총장이 기업가들에게 기업관행원칙을 제정할 것을 촉구한 데서 비롯됐다.

95) Caux Principles for Business는 25개국의 기업가들로 구성된 Caux Round Table에 의해 작성되었으며 이들은 매년 여름 Caux에서 회합을 갖는다. Caux는 스위스의 작은 마을로 제네바 호수가 보이는 곳에 위치하고 있다.

96) OECD Guidelines for Multinational Enterprises(Annual Report 2001)의 <The OECD Guidelines and Other Corporate Responsibility Instruments: A Comparison>에서 참조

97) UNCTAD. 2001. World Investment Report 2001 내용 참조 ; 강준구 작성 <세계 FDI의 동향 및 시사점 : UNCTAD 세계투자보고서를 중심으로>(세계경제 2001년 11월호)에서 재인용

OECD 다국적기업 가이드라인은 '1976년 국제투자 및 다국적기업에 관한 OECD 선언(1976 OECD Declaration on International Investment and Multinational Enterprises)'의 부속서 중 하나로 제정되었다.[98] 다국적기업 가이드라인은 제정 이후 국제경제의 상황 변화에 맞추어 몇 차례 부분적인 개정이 있었다. 가장 최근인 2000년 6월에 개정된 가이드라인은 다국적기업의 영향력이 증대된 현실에 상응한 책임을 부여하는 내용을 추가하였다. 개정 가이드라인에는 뇌물방지와 소비자 이익에 관한 장이 신설되었으며, 그 결과로 가이드라인은 고용, 정보공개, 노사관계, 환경, 경쟁, 조세, 과학 및 기술을 포함한 기업윤리에 대한 광범위한 주제들을 다루는 포괄적인 행동규범이 되었다.[99]

다국적기업 가이드라인은 회원국 내에서 활동하고 있는 다국적기업 또는 회원국에 본사를 두고 있는 다국적기업에 대한 정부의 비구속적인 권고사항을 담고 있다.[100] 다국적기업 가이드라인의 또 하나의 특징은 권고가 비구속적이지만 이행이 실질적으로 이루어지고 있다는 것이다. 특히, 최근 개정된 가

---

98) 1976년 OECD 국제투자 및 다국적기업에 관한 선언은 내국민 대우(National Treatment) 부여, 다국적기업에 대한 회원국간의 상충되는 규정(Conflicting Requirement) 적용 자제, 각국의 정책목표에 따른 투자유인제도 및 투자 제한적 조치(Incentive and Disincentives)의 인정, 다국적기업의 영업 형태에 관한 지침(Guideline) 등을 내용으로 하며, 동 내용들이 부속서로 작성되었다.

99) 다국적기업 가이드라인은 general policies, disclosure, employment and industrial relations, environment, combating bribery, consumer interests, science and technology, competition, taxation 등 내용으로 구성되어 있다.

100) OECD 다국적기업 가이드라인 회원국은 2002년 7월 현재 30개 OECD 국가와 아르헨티나, 브라질, 칠레 등 총 33개국이다.

이드라인은 이행절차를 종전보다 대폭 강화하였다. 이를 위해 각 회원국들이 국내연락사무소(NCP : National Contact Points)를 설치하도록 하였다. 국내연락사무소의 임무는 국내기업 및 노동단체 등 이해 당사자들에게 가이드라인을 홍보하며, 국내에서 가이드라인의 준수를 독려하는 것이다. 또한, 가이드라인과 관련한 국내 경험에 대한 정보를 수집하고, 문의사항을 처리하며, 가이드라인과 관련한 문제를 논의하고 해결을 지원한다. 우리나라에서는 외국인투자실무위원회[101]가 국내연락사무소 역할을 하고 있다. 최근 우리나라를 비롯하여 각국의 국내연락사무소(NCP)에 다국적기업의 부당노동 행위 사례가 접수되는 등 국내연락사무소의 역할이 증대되고 있다.

그밖에 기업의 책임을 규정하고 있는 행동규범으로는 유엔 세계협약(UN Global Compact)이 있다. 이 협약은 인권, 노동 관계, 환경 등 분야에서 9가지 원칙을 나열하고 있다.[102] OECD 다국적기업 가이드라인이 구체적인 권고를 기

---

101) 외국인투자실무위원회는 '외국인투자촉진법'에 의거하여 설립되었으며, 산업자원부 차관이 위원장을 맡고 있고 외교통상부, 재정경제부, 행정자치부, 과학기술부, 정보통신부 등 정부부처 1급 공무원과 16개 시도 행정 부지사(부시장)로 구성되어 있다.

102) 유엔 세계협약의 9개 원칙은 다음과 같다. ①support and respect the protection of international human rights within their sphere, ②make sure their own corporations are not complicit in human right abuse, ③freedom of association and the effective recognition of the right to collective bargaining, ④the elimination of all forms of forced and compulsory labour, ⑤the effective abolition of child labour, ⑥the elimination of discrimination in respect of employment and occupation, ⑦support a precautionary approach to environmental challenges, ⑧undertake

술하고 있는 반면, 유엔 세계협약은 일반적인 원칙 수준에서 규범을 기록하고 있다. 유엔 사무국은 협약의 전파를 위해 적극 노력하고 있으며, 많은 기업들이 이에 가입하고 있다. 한편, 유럽과 일본, 북미의 기업가들에 의해 추진되는 기업활동 원칙(Caux Principles for Business)103)은 가입에 대한 특별한 절차를 두고 있지 않으며, OECD 가이드라인이나 유엔 협약보다는 권고 이행의무의 강도가 약하다고 하겠다.

경제의 세계화가 가속되면서 국제경제 체제에서 다국적 기업의 역할과 비중은 더욱 증가할 것이다. 이에 따라 다국적기업의 사회적 책임에 대한 시민들의 인식도 성장할 것이며, 다국적기업의 책임을 확보하는 데 있어 OECD 가이드라인의 중요성은 계속해서 더해질 것이다.

---

initiatives to promote greater environmental responsibility, ⑨encourage the development and diffusion of environmentally friendly technologies.

103) 기업활동 원칙은 전문, 일반원칙, 주주원칙의 3개 분야로 구성되어 있다. 일반원칙으로는 responsibility of businesses, economic and social impact of business, business behavior, respect of rules, support for multilateral trade, respect for the environment, avoidance of illicit operations 등 7개 항목이 있다.

14. 전자상거래 규범 정립

유 창 호

전자상거래는 정보통신 기술의 발달과 인터넷의 활성화를 바탕으로 1990년 이후 본격적으로 발전하기 시작하였다. 전자상거래는 새로운 기술을 이용하여 새로운 방식에 의한 상거래를 가능케 함으로써 인류의 삶과 문화에도 큰 영향을 미치고 있다. 세계 전자상거래 시장규모는 1998년에는 6천억 불에 불과하였으나 2001년에는 1.2조 불로 2배나 증가하였고, 2006년에는 12조 불에 이를 것이라고 전망되고 있다.[104] 전자상거래는 판매자와 구매자 모두에게 물리적인 이동이나 직접적인 대면접촉이 없이도 상거래가 가능하도록 한다. 이를 통해 기업과 개인에게는 효율성과 편리성을 제공하고, 급기야는 기업문화와 소비자들의 삶에도 큰 영향을 미친다.

한편, 직접적인 대면접촉 없이 거래가 이루어진다는 특성 때문에 전자상거래에서는 거래 당사자들간의 신뢰성이 약화될 가능성이 항상 존재한다. 그 결과 거래 당사자간 신원확인 절

---

[104] 전자상거래 관련 통계는 전자상거래를 어떻게 정의하느냐에 따라 다르기 때문에 발표 기관에 따라 통계의 차이가 있을 수 있다. 대체적으로 전자상거래와 관련된 통계는 Forrester Research와 IDC에서 발표한 보고서를 많이 활용한다.

차가 요구되고 새로이 개인정보(privacy)를 보호하는 것이 부수적인 과제로 등장하였다. 결국, 거래 당사자간의 신뢰성 확보와 개인정보의 보호 문제를 적절히 조화시키는 것이 전자 상거래의 지속적인 발전을 위해 필수적인 요건이 된 것이다. 또한, 전자상거래는 물리적인 공간에서 이루어지는 것이 아니고 많은 경우 국경을 초월하는 모습을 보이기 때문에 소득세, 부가세, 관세 등의 과세 문제도 발생하게 된다.

따라서, 전자상거래가 지속적으로 경제와 사회에 긍정적 기여를 하도록 하기 위해서는 어느 정도 규제가 불가피하고, 특히 국경을 초월하는 전자상거래에 대해서는 국제적으로 논의할 필요가 있다. 이러한 국제적 논의는 충분한 기술발전을 바탕으로 전자상거래가 번창하고 있는 미국과 제대로 준비가 안 된 상황에서 전자상 거래를 새로운 도전으로만 받아들여야 했던 EU 간 입장 대립을 중심으로 시작되었다. EU는 미국의 앞서가는 추세를 감지하고 1997년 4월에 'A European Initiative for e-Commerce'를 먼저 발표하였으며, supportive regulations, consumer-protection, self-regulation 등과 같은 개념을 도입하여 규제의 중요성을 강조했다. 이에 반해 미국은 1997년 7월 대통령과 부통령 공동 명의로 발표한 보고서(A Framework for a Global e-Commerce)에서 competition, consumer choice, market-orientation 등을 강조하여 규제의 최소화 및 민간 주도하의 전자상거래 발전을 주창하였다.105) 이러한 입장 대

---

105) EU는 주로 정부에서 통제를 할 수 있는 법률에 의한 규제를 선호하며 미국은 흔히 정부의 간섭을 최소화시키고 기업들이 자체적으로 규제를 하는 자율규제를 선호한다.

립은 그후의 국제회의에서 계속되었는데, 하루가 다르게 변하는 전자상거래의 발전속도에 맞추기 위해서는 시급히 국제적 합의를 도출해야 했기 때문에 논의는 더욱 활발해지게 되었다.

전자상거래는 그 어떤 국제기구보다도 OECD에서 가장 다양하면서도 심도 있게 논의되어 왔다. 그러므로 OECD의 논의를 주시하면 대체적으로 세계 전자상거래 논의의 흐름을 파악할 수 있다.106) 전자상거래에 대한 OECD 논의는 1997년 11월 핀란드 투르쿠에서 개최된 전문가회의에서 시작되었다. OECD와 민간부문이 합동으로 개최한 이 회의는 민간부문 주도, 정부 개입의 최소화, 경쟁적 시장환경 조성 등 전자상거래에 있어서 각 정부의 지침이 될 10대 정책원칙을 채택하였다.

전자상거래에 대한 가장 중요한 국제적 논의는 1998년 10월 캐나다 오타와에서 개최된 OECD 각료회의다. 이 회의에는 OECD 회원국 각료들이 참석하여 '소비자 보호에 관한 각료선언', '범세계적 네트워크상의 개인정보 보호에 관한 각료선언', '인증에 관한 각료선언', 그리고 '과세체계의 기본원칙' 등 4개의 합의문을 채택하였는데, 이것이 전자상거래와 관련된 기본적 국제규범 정립의 출발점이 되었다. 이어서 1999년 10월에 파리에서 개최된 전자상거래 포럼은 오타와 선언과 행동계획의 이행을 점검하고 향후 과제를 논의하기 위해 열렸다. 특히 이 회의는 전자상거래에 대한 법률적 규제와 기업들

---

106) 다음 페이지 참조

의 자율규제가 상호 보완적으로 적용되어야 한다는 점을 강조함으로써 미국과 EU 간의 오랜 논쟁이 타협점을 찾을 수 있는 계기를 마련하였다.

OECD 전자상거래 논의 중 가장 중요하고 진전이 많은 분야는 사업자와 소비자 보호를 위한 신뢰구축 분야이다. 앞에서 언급한 바와 같이 직접적인 대면 없이 이루어지는 전자상거래가 발전하기 위해서는 무엇보다도 거래 참가자간 신뢰가 구축되어야 한다. OECD는 1998년 오타와 각료회의에서 채택된 '소비자 보호에 관한 각료선언'에서 제시된 기본 방향에 따라 1999년 '소비자 보호에 관한 가이드라인'을 채택하였다. 이 선언은 첫째, 소비자들의 신뢰가 없으면 전자상거래가 도저히 발전할 수 없다는 점을 강조하고, 둘째, 각 정부는 자체적으로 전자상거래의 독특한 환경에 맞추어 법령과 관행을 검토하고 정비할 것을 권고하고 있으며, 셋째, 소비자 보호를 위해 기술 발전과 소비자 교육을 장려하고 있다.

소비자 보호에 관한 선언과 함께 채택된 '범세계적 네트워크상의 개인정보 보호에 관한 각료선언'은 1980년 '사생활 보호와 개인정보의 국제적 유통에 관한 지침'상의 원칙107)을 온라인 프라이버시 보호의 기본으로 인정하고 있다. 또한 각국은 상기 원칙과 병행하여 온라인에서 프라이버시 보호를 위한 기술 발전과 보급을 촉진하고 피해 구조를 보장하는 효과적인 메커니즘을 마련해야 한다고 권장하였다. 신뢰 구축의 또 하나의 중요한 기술은 인증이다. 그러나 인증은 기술 개발과 크

---

107) 수집제한의 원칙, 정보내용 정확성의 원칙, 목적명확화의 원칙, 이용제한의 원칙, 안전확보의 원칙, 공개의 원칙, 개인참가의 원칙, 책임의 원칙 등 8개 원칙

게 연관이 되어 있으므로 인증에 관한 오타와 각료선언도 인증기술과 인증 메커니즘의 개발 노력을 장려하고 기술 공유를 강조하는 선에서 그쳤다.

다음으로 조세 문제는 전자상거래를 발전시키기 위해 결정적으로 해결되어야 할 과제이다. 직접세 분야에 있어서 가장 중요한 개념이 고정사업장(permanent place of business)인데 온라인 거래에서는 고정사업장을 규정하기 매우 어려우므로 과세 논의는 자연히 고정사업장에 관한 개념 정리부터 시작되어야 하였다. 그 결과 OECD에서는 웹 사이트와 ISP(internet service provider) 자체는 고정사업장을 구성하지 않는다고 합의하였고, 웹 서버에 대해서는 특별한 경우에 한해 제한적으로 고정사업장으로 인정하기로 하였다.

소비세의 경우, 판매국가와 구매국가가 각각 다른 과세체계를 갖고 있는 현실을 감안하여, 원칙적으로 소비지에서 과세하기로 합의하였다. 소비지에 대한 정의에 있어서도 사업자간 거래, 즉 B2B 거래의 경우는 수요기업 본점 소재지를, 사업자와 소비자 간 거래, 즉 B2C 거래의 경우는 소비자의 주소지를 소비지로 하기로 하였다. 관세의 경우 전자상거래에 있어서 자유무역을 강조하는 미국의 입장이 강경하여 아직까지는 아무런 합의 없이 현상을 유지한다는 차원에서 디지털 상품의 교역은 무관세로 처리하기로 한 상황이다.

끝으로, OECD는 전자금융, 정보통신 인프라, 전자상거래의 사회 경제적 영향, 전자정부, 중소기업의 정보화, 교육과 훈련, 디지털 격차, 전자보험에 이르기까지 다양한 논의들을 진행하고 있다.

우리나라는 전자상거래율이 전체 상거래의 7~8%이며, 특히 제조 분야 총 거래의 13~14%가 전자상거래로 이루어지고 있다.108) 또한, 쇼핑몰과 같은 B2C 거래는 작년에 비해 성장률이 80%를 기록할 정도로 급속히 발전하고 있다. 높은 브로드밴드 보급율, 인터넷 접속율 및 평균 접속시간 등에서 보듯이 기술과 사회적 인프라가 갖추어져 있기 때문에 우리나라는 전자상거래 발전에 상당한 잠재력이 있다고 하겠다. 그러므로 현재 미완성인 이 분야에 대한 국제적 규범 정립 노력에 우리가 적극 참여하여야 할 필요가 있다.

---

108) 미국 제조 분야의 전자상거래율 18.4%에 비하면 낮지는 않은 것으로 평가된다. 그러나 전체적으로 국가마다 전자상거래에 대한 개념이 다르며 이를 측정하는 기준도 달라서 전자상거래율 또는 전자상거래 규모와 같은 개념의 정확한 비교가 어렵다. 우리나라 통계는 통계청 홈페이지, 미국 통계는 www.census.gov/estats를 참고하면 된다.

제 **3** 부

통상 분야 관리체제

15. 세계화와 다자무역 체제

박 종 한

16세기부터 19세기에 이르는 기간 동안 진행되었던 기초적인 수준의 세계화는 제국주의에 크게 의존한 것이었다. 그 당시 제국주의의 경제적인 동인은 무역으로부터 발생하는 이익의 추구였다. 무역의 확대가 세계화의 기초를 닦은 것이다. 최근의 세계화에도 여전히 무역의 급격한 팽창이 큰 역할을 하고 있다. 20세기 들어 국제무역량의 급격한 증가는 국가간 상호 의존도를 크게 높였다. 무역의 대상도 단순한 상품으로부터 서비스, 지적재산권까지 확대되면서 각국의 국제경제에 대한 의존도가 더욱 심화되었다.

무역을 통한 세계화의 진전은 이미 단순한 상품무역의 범위를 넘어서고 있지만 아직도 상품무역이 세계화의 가장 큰 원동력이라는 것은 부인할 수 없다. 1990년의 전세계 상품무역량은 1950년에 비해 10배가 증가하였다. 1990년대 이후 무역의 증가는 더욱 인상적이다. 수출액 기준으로 세계무역량은 1990년 3조 4천억 불에서 2000년 6조 4천억 불로 10년 만에 2배나 증가되었다. 2000년 전세계 GDP가 약 31조 9천억불109)임을 감안할 때 GDP 대비 무역량은 20%에 이른다.

더욱이 수출물량과 근접한 양이 수입되고 있는 것으로 추정110)하면 세계적으로 대외무역 의존도는 40%에 이른다.

상품무역이 닦아 놓은 길을 통해 서비스 무역도 이제 본격적인 확장기에 들어서고 있다. 서비스 산업이 각국의 GDP에서 차지하는 비중이 급격하게 증가되었다는 것은 주지의 사실이다. 대부분의 사람들이 서비스는 무역의 대상이 되기 힘들 것이라고 생각한다. 그렇지만 서비스 무역의 네 가지 양태111)를 보면 알 수 있듯이 서비스 무역은 우리 주변에서 폭넓게 이루어지고 있다. 우선 상품무역의 폭증과 더불어 상품을 운송하고, 유통을 직접 담당하며, 대금 지급을 촉진하는 서비스 무역이 급증하였다. 또한 이렇게 발달된 무역의 통로를 이용하여 관광이나 서비스 공급자의 이동도 자연스럽게 이루어지게 되었다. 서비스 무역의 증가는 상품무역보다 더 급격한 증가세112)를 보이며 1985년부터 1999년까지 세 배가 증가, 1999년에는 1조 2천억 불 상당의 서비스가 국제적으로 거래되었다.

지적재산권은 어떤 경우에는 서비스의 형태로, 다른 어떤 경우에는 상품의 형태로 세계무역에서 비중이 높아졌다. 하지만 엄밀히 말하자면 지적재산권은 서비스도 상품도 아니며 독

---

109) 경상가치 기준
110) 1999년 기준 5조 6천억 불
111) Mode 1 : 월경공급 (소비자나 공급자의 이동 없이 서비스 제공, 보험 등)
    Mode 2 : 해외 소비 (소비자가 이동, 관광 등)
    Mode 3 : 상업적 주재 (FDI를 통한 해외 주재)
    Mode 4 : 개인의 이동 (서비스 공급자의 일시적 이동)
112) 상품의 경우 같은 기간 동안 연 8.2%의 증가율을 보인 가운데, 서비스는 연 9%의 증가율을 기록했다.

자적인 재화라고 할 수 있다. 지적재산권에 대한 엄밀한 통계는 구하기 어려우나, 한 자료에 의하면 전통적인 운송과 관광 서비스를 제외하고 가장 높은 비중을 차지하는 서비스 분야로 기술료 지급을 꼽고 있다.113) 또한 미국의 경우 1995년 기술료 수입이 270억 불에 이르고 있으며, 해외에서의 미국의 지적재산권에 대한 해적행위로 인한 손실분이 400억 불로 추정되고 있다114)고 하니 지적재산권의 무역도 활발히 이루어지고 있음을 알 수 있다.

세계적인 무역량의 증가가 아무런 노력 없이 이루어진 것은 아니다. 많은 나라가 다자적 합의를 통해 장벽을 낮추고 보다 안정적인 무역환경을 만들기 위해 부단히 노력한 결과라고 할 수 있다. 다자 규범체제는 공정한 게임의 법칙을 만들고 집행하는 것 외에도 이제는 폭발하는 무역으로 인한 부정적 효과에 대해서도 관심을 갖게 되었다.

1945년 제2차 세계대전이 끝나고 세계경제를 부흥시키기 위한 국제적인 노력의 일환으로 설립된 '관세와 무역에 관한 일반협정(GATT)'은 초기에는 상품무역의 장벽을 낮추고 공정한 경쟁의 법칙을 정착시키는 데 중점을 두었다. 그 동안 8차례 진행된 다자간 무역협상115)에 힘입어 1999년에는 선진국의 공산품 평균 관세율이 4% 이하가 될 정도로 관세가 낮아졌다. 1967년 종결된 케네디 라운드에서는 반덤핑협정이

---

113) World Bank, ≪Global Economic Prospects≫, p.72.
114) Graham Dutfield, ≪Intellectual Property Rights≫ p.10.
115) 각각 제네바, 안시, 토르퀘이, 제네바, 딜론, 케네디, 동경, 우루과이 라운드라고 불린다. 단, 딜론 라운드 이전에는 특별히 라운드라는 명칭을 사용하지 않기도 한다.

도입됨으로써 무역을 보다 공정하게 운영코자 하는 회원국들의 합의가 도출되었다. 1979년 종결된 동경 라운드에서는 비관세 장벽에 대한 논의가 포괄적으로 이루어짐으로써 무역환경의 포괄적 개선을 위한 노력이 본격적으로 시작되었다.[116)]

이와 같은 노력은 1994년 타결된 우루과이 라운드 협상에서 정점을 이루었다. 우루과이 라운드를 통해 농산물과 섬유무역이 다자간 규범으로 규율되게 되었으며, 서비스 무역에 대해서도 일반적인 규범의 설정과 기초적인 자유화 약속이 이루어졌다. 또한 투자조치에 대해서도 초보적인 수준의 규율이 도입되었다. 지적재산권에 대한 규율이 다자무역 체제에 도입된 것도 이때이다. 더욱이 이러한 모든 규범의 이행을 확보할 강력한 분쟁해결 체제와 국제기구로서의 WTO(세계무역기구)의 설립은 다자무역 체제의 발전에 크게 이바지한 것으로 평가된다.

WTO 규범체제는 기본적으로는 무역의 자유화를 추구한다. 그러나 세계화의 진전에 따라 무역 이외 분야의 정책이나 제도가 무역에 미치는 영향이 커지고 있으며, 세계화의 진전에 수반되는 문제점을 무역 측면에서 검토할 필요도 높아지고 있다. 이런 차원에서 지난 2001년 11월 카타르 도하에서 개최된 제4차 WTO 각료회의는 특별한 의미가 있다. 여기서 출범한 도하개발아젠다(DDA : Doha Development Agenda) 협상은 단순히 상품과 서비스 무역의 자유화뿐 아니라, 환경이나 투자, 경쟁정책에 대한 의제도 논의의 대상으로 하고 있

---

116) 동경 라운드 결과 보조금 및 상계조치, 기술장벽, 수입허가 절차, 관세평가 등에 대한 협약체제가 GATT에 도입되었다.

다. 또한 도하에 모인 각료들은 DDA 협상과 WTO에서의 지속적인 논의를 통해 무역의 급증에도 불구하고 경제개발이 미흡했던 개도국들의 요구에 적극 부응할 것을 약속하였다. 동시에 공중보건과 지적재산권(TRIPs)에 대한 선언을 통해 개도국이 AIDS와 같은 전염병 치료제를 저렴하게 구입할 수 있는 길을 터줌으로써 세계화의 그늘에 대한 능동적인 관심을 보여 주었다. 농업에 있어 자유화의 진전에 대한 약속과 함께 식량 안보, 농촌 개발, 환경 등 비교역적 관심사에 대해 고려하기로 약속한 것도 WTO가 올바른 균형을 추구하고 있음을 보여주는 것이다.

급증하는 지역주의는 WTO로 대표되는 이와 같은 다자무역 체제에 대한 심각한 도전일 수 있다. 북미자유무역협정(NAFTA), ASEAN 그리고 각종 양자 자유무역협정(FTA)은 소수 국가간에만 통용되는 별도의 규범을 만들고 블록을 형성함으로써 다자무역 체제의 상대적 이익을 훼손할 수 있다. 또한 다자무역 체제에서 새로이 논의하기 시작한 개발, 환경, 노동, 경쟁 이슈들은 다자무역 체제 본래의 기능 수행에 걸림돌로 작용할 수 있다.

하지만 무역의 자유화가 진전됨으로써 발생하는 이익이 골고루 배분되고 보다 공정하고 안정적인 무역환경이 조성될 때, 모든 국가와 세계시민이 지속적인 발전에 따른 혜택을 누리게 될 것이다. 따라서 이러한 도전에 고개를 돌리기보다는 능동적으로 대응하는 자세를 취함으로써 세계화의 부정적 효과를 최소화하면서도 이익은 극대화할 수 있도록 노력해야 할 것이다.

16. OECD 수출신용 논의

견 종 호

수출신용(Export Credit)의 정의와 범위에 대해 아직까지 국제적으로 명확하게 합의된 내용은 없다. 그러나 이는 일반적으로 상품 및 서비스의 수출을 지원하기 위하여 필요한 자금을 융자해 주거나 또는 관련된 위험을 보장해 주는 제도를 지칭한다.[117]

수출신용은 정부 차원의 지원 형태로부터 발전되어 왔는데, 1919년 영국 수출신용보증국(ECGD : Export Credits Guarantee Department)의 설립을 시작으로 1930~40년대에 걸쳐 선진국들이 단기 수출신용 지원을 위해 이와 유사한 공적수출신용기관을 설립하면서 세계적으로 확산되었다.[118] 1950~60년대 이후에는 공적 수출신용제도가 장기의 수출금융 또는 수출보험 형태로 바뀌면서 점차 수출지원제도의 성격을 띠게 되었다. 특히 각국이 공적 수출신용제도를 통

---

117) 수출신용은 직접 대출, 재금융(refinancing), 이자율차 보전, 원조금융(신용 및 증여), 수출신용보험 및 보증 등 다양한 형식으로 이루어지고 있다.

118) 박상균, <다자통상체제와 OECD 수출신용제도>, 외교통상부, ≪Korea@OECD≫, 2000년 겨울호

해 경쟁적으로 저리의 자금을 자국 수출업자에 제공하여 무역 경쟁이 격화되면서 공적 수출신용제도가 일종의 수출보조금제도로 남용되고 있다는 비판이 대두되었다. 이에 따라, 건전한 다자무역 체제 유지를 위해 수출신용 분야에 대한 국제적 기준을 정립하고 이행해야 한다는 논의가 1960년대 이후 OECD를 중심으로 진행되고 있다.[119]

이와 관련, 1978년 체결된 공적 수출신용약정서(Arrangement on Guidelines for Officially Supported Export Credits)[120]는 1930년대 이후 논의되어 온 국제적 합의를 종합적으로 반영하고 있다. 공적 수출신용약정서는 상환기간 2년 이상의 모든 공적 수출신용을 대상으로 하여,[121] 최저 선수금, 최장 상환기간, 최저 금리 등 공적 수출신용 기관이 수출신용 공여시 준수해야 할 최소한의 규칙을 규정하고 있다. 이러한 제반 제한조건에 위배되는 신용공여 행위에 대해서는 다른 회원국들에 사전통보를 의무화하고, 이들이 여사한

---

119) 수출신용 분야에 대한 국제적 협력은 1934년 발족된 국제신용 및 투자보험자연맹(Berne Union : International Union of Credit and Investment Insurance) 활동에서 시작되었다. GATT 차원에서는 1955년부터 수출보조금에 대한 조항을 협정 16조 4항에 반영하였으나, 1960년 다수의 선진국이 이를 수락하기 전까지 시행되지 못하였다. 그후 동경 라운드 협상의 결과로 1979년 발효된 GATT 보조금 및 상계관세 협정에서 수출신용과 관련된 규정이 도입되었다.
120) 우리나라는 한·미 통상 마찰을 계기로 1986년 2월 미국과 체결한 양해각서에 따라 수출신용약정서를 준수해 오다가 OECD 가입 이후 1997년부터 OECD 수출신용약정서 정회원국으로 참가하였다.
121) 농산물과 군수물자는 약정서 적용 범위에서 제외되고, 핵발전소, 민간항공기는 특별 가이드라인에 따르며, 선박은 독자적 협정에 의하도록 되어 있다.

대응조치(matching)를 취할 수 있도록 허용하고 있다. 또한, 약정서는 무역과 관련된 구속성 원조(tied aid)를 공적 수출 신용으로 간주하여 별도의 규정을 두고 있다. 이렇게 약정서 는 수출신용 공여에 대한 국제적인 기준을 제도화함으로써 무 역에 있어 국가간 공정 경쟁을 확보하는 데 중요한 기능을 담 당하고 있다.[122]

이 공적 수출신용약정서는 1978년 발효된 이래 다자통상 체제의 변화를 반영하여 여러 차례 보완되어 왔는데, 1987년 월렌 패키지(Wallen Package)에서는 양허성 측정기준으로 Concessionality Level(C.L.)[123]이 도입되었고, 최빈개도 국에 대한 구속성 원조의 최소 양허성 수준을 50%로 상향 조 정하였다. 또한, 1991년 헬싱키 패키지(Helsinki Package) 는 선발개도국에 대한 구속성 원조와 상업성이 있는 프로젝트 에 대한 구속성 원조를 금지하였으며, 1994년 세러 패키지 (Schaerer Package)에서는 공적 수출신용제도의 보조금적 요소를 철폐하기 위해 시장금리를 반영하는 참고 상업금리

---

122) 현재 수출신용과 수출신용약정서에 대한 논의는 1963년 OECD 무 역위원회 산하에 설립된 '수출신용 및 수출보증그룹(ECG: Group on Export Credits and Credit Gurantees)' 회의와 수출신용약 정서 당사국 회의를 통해 진행되고 있다.

123) C.L.은 원조조건의 완화도(양허성 수준)를 나타내는 지표로서, 원조 공여액의 상환금리가 낮고 상환기간이 길수록 C.L.은 높아진다. 예 컨대 완전 무상원조의 경우 C.L.은 100%이다. C.L.을 산출하는 방식은 'C.L. = (원조 공여액의 액면 가치 - 원리금 상환액의 현재 가치)/원조 공여액의 액면 가치'이다. 과거에는 원리금 상환액의 현 재 가치 산출시 일률적으로 10%의 할인율을 적용하였으나, 1987년 월렌 패키지 도입 이후에는 할인율을 일률적으로 적용하지 않고 각 원조통화의 금리를 반영한 차등 할인율을 적용하게 되었다.

(CIRR : Commercial Interest Reference Rates)[124]를 도입하고 보조금 성격의 이자율 사용을 금지하였다. 그리고 1997년 도입된 크나펜 패키지(Knaepen Package)에서는 1990년대 중반부터 각국의 공적 수출신용기관들이 경쟁적으로 수출보험 수수료 인하를 통해 자국 수출업체를 지원하는 불공정 거래행위에 대처하기 위해 국가간 공통으로 적용될 최저 보험요율을 산정하기로 하고 이에 필요한 국별등급 평가작업을 추진하고 있다.

크나펜 패키지 이후에도 국제무역 환경의 변화에 따라 약정서의 보완작업이 진행되어 왔는데, 최근까지 농산물 분야에 대한 수출신용약정서 도입 문제가 중점적으로 논의된 바 있다. 앞으로 중점적으로 논의해야 할 이슈로는 공적 수출신용약정서 개정 문제, 수출신용과 환경 공동지침(common approach) 이행, 헬싱키 패키지에서 도입된 구속성 원조 관련 규정을 비구속성 원조에도 적용하는 문제 등이 있다.

농산물 수출신용약정서 도입 문제는 WTO 농업협정 제10조 2항의 위임에 따라 1994년 농산물 수출신용약정서를 마련하기로 미국, EU 등이 합의한 후 OECD를 중심으로 논의되어 왔다. 특히 WTO 농업협정 13조(평화 조항)에 따라 농업 분야 분쟁을 자제키로 한 시한(2003년 말)이 가까워지면서 2000년 초부터 수출신용약정서 당사국 회의 등을 통해 관련 논의가 본격화되어 왔다. 그러나 국영 수출기업 문제(캐나다

---

124) CIRR는 특정 통화국 내에서 상업금융기관이 최우량의 신용도를 가진 국내 차입자에게 적용하는 대출금리를 지칭한다. CIRR은 통화별 기준금리(base rate)에 일정 마진을 가산하여 매월 결정하는데, 일반적으로 5년 만기 국채 수익률에 1%를 가산한 금리로 결정된다.

Wheat Board)에 대한 미국과 캐나다 간의 이견 대립으로 OECD에서 합의에 이르지 못하게 됨으로써 이 문제는 WTO로 이관되어 도하개발아젠다 농업보조금 협상 차원에서 논의되게 되었다.

공적 수출신용약정서 개정과 관련하여서는 '공적 지원(official support)'의 범위를 어디까지 규정할 것인지, 최저 변동금리(minimum floating interest rates) 규정을 어떻게 수출신용약정서에 적절히 반영할 것인지가 주된 논의대상이다. 최저 변동금리 규정의 도입 논의는 2001년 브라질-캐나다간 중형 항공기 분쟁을 통해서 본격적으로 제기되었다. 이 분쟁의 WTO 패널은 캐나다 공적 수출신용기관(ECC : Export Credit Corporation)이 변동금리 형태로 자국 기업에 제공한 수출신용은 사실상 시장 이자율보다 낮게 제공되었으므로 WTO 보조금 협정 부속서 k항의 보호대상이 아니라고 판정하였다.[125] 이에 따라 공정 무역체제 유지를 위한 수출신용약정서의 실효성이 의문시되었는데, 이 약정서와 관련된 보조금 논쟁을 불식시키고 WTO 보조금 협정규정과 약정서 내용이 조화될 수 있도록 약정서에 최저 변동금리에 대한 규정을 명확히 도입해야 한다는 주장이 대두되었다.[126] 이

---

125) WTO 보조금 협정 부속서 1의 k항에 따르면 OECD 수출신용약정서에 따르는 수출신용 관행은 금지보조금으로 간주되지 않는다는 규정이 있다. 이에 따라 브라질-캐나다 간 중형 항공기 분쟁에서 캐나다 측은 자국 ECC의 수출신용 공여는 WTO 보조금 협정 위반이 아니라는 주장을 하였다. 그러나 WTO 패널은 ECC의 수출신용 공여제도 자체는 위법이 아니나, 수출신용 이자율이 시장 이자율보다 낮은 경우에는 보조금 협정 부속서 1의 k항의 보호대상이 아니라고 판정하였다.

126) 공적 수출신용약정서의 15조는 공적 수출기관이 공적 금융을 지원함

문제는 DDA 협상의 규범 분야 협상과도 연계되어 WTO 차원에서도 논의되고 있다.

한편, 다자무역에서 환경의 중요성이 부각됨에 따라 1994년부터 공적 수출신용 공여시 환경 요소를 반영하고자 하는 논의가 시작되었다. 수년간의 논의 끝에 2001년 12월 OECD는 '환경심사 공동지침(Common Approaches on Environment and Officially Supported Export Credits)'을 채택하였다.127) 이 공동지침은 상환기간 2년 이상, 수출계약금액 1000만 SDR 이상의 프로젝트 및 프로젝트 관

에 있어 참고 상업금리(CIRR)에 상당하는 최저 금리 이하로는 수출신용을 지원하지 못하도록 규정하면서, 최저 금리 산출을 가급적 5년 이상 기간의 고정금리부 자금조달 비용을 기준으로 계산하도록 명시하고 있다. 그래서 최근까지 최저금리 산출방식은 고정금리를 기준으로 산정하는 최저 고정금리 형태를 취하고 있었다(예컨대 5년 만기 국채이자율+1%). 그러나 점차 국제금융시장으로부터 차입기법이 고도화되고 공적 수출신용기관도 자금 차입시 변동금리부로 조달하게 됨으로써 선진국을 중심으로 자국 기업에 변동금리 형태로 수출신용을 공여하는 사례가 증가하게 되었다. 특히 약정서상에도 변동금리부 자금 공여나 최저 이자 산정방식에 대한 명확한 규정이 없어 변동금리부 공적 금융지원이 점차 확산되었다. 그런데 캐나다 등 일부 국가들이 변동금리 방식으로 사실상 시장금리보다 낮게 수출신용을 공여하는 사례가 생기면서 약정서의 비회원국들로부터 이러한 수출신용 공여가 사실상의 수출보조금 지원이라는 비난을 받게 되었다. 이에 따라 변동금리 방식의 수출신용 공여에 대해서도 명확한 최저 금리 산출규정을 약정서에 도입하여 시장금리보다 낮은 금융지원이 이루어지지 않도록 규제해야 한다는 논의가 진행되고 있다.

127) 공동지침(common approach)은 형식상으로는 제안서이지만 미국, 터키를 제외한 OECD 수출신용작업반(ECG) 국가들이 자발적 이행을 약속하였고, ECG 회의를 통해 이행상황을 계속 점검할 예정이므로 사실상의 구속력을 가진다고 볼 수 있다. 한편, ECG는 미국, 터키가 common approach에 동참할 수 있는 상황이 되면 공동지침을 '권고' 형식으로 전환할 예정이다.

련 수출을 대상으로 하는데, 환경에 미치는 영향에 따라 프로젝트를 세 가지로 나누어 환경에 부정적 영향을 미칠 가능성이 있는 프로젝트에 대해서는 환경영향평가를 실시하도록 규정하고 있다. 또한 이 지침은 각국의 공적 수출신용기관들이 평가 결과를 고려하여 공적 지원 여부를 결정하도록 함으로써, 사실상 환경에 중대한 부정적 영향을 미칠 수 있는 프로젝트에 대해 수출신용 공여를 제한하고 있다. OECD 수출신용작업반(ECG) 회의는 2003년 말 이전까지 환경 관련 지침을 재검토하여 관련 내용을 보완, 발전시킬 예정이다.

마지막으로 비구속성 원조(untied aid)의 공정무역질서 왜곡효과를 감안하여 구속성 원조(tied aid)에 대한 약정서상 규정을 비구속성 원조에도 적용해야 한다는 주장이 미국을 중심으로 강력하게 제기되고 있다. 비구속성 원조는 구매방식이 국제입찰방식이어서 주로 원조 공여국 기업의 원조사업 수주를 전제로 하는 구속성 원조와는 달리 다자무역질서의 왜곡효과가 거의 없는 것으로 간주되어 왔다. 그러나 비구속성 원조일지라도 원조 공여국이 수혜국에 사전에 무상기술 원조 공여 등을 통해 원조 프로젝트의 국제 입찰시 원조 공여국 기업이 이를 수주하도록 유도함으로써 사실상의 구속성 원조의 성격을 띠게 되는 사례가 증가하고 있다. 이에 따라, 미국은 비구속성 원조의 무역 왜곡효과 등을 감안하여 약정서상 구속성 원조에 대한 규정을 비구속성 원조에도 확대 적용해야 한다고 주장하고 있다. 이에 대해 일본은 약정서의 구속성 원조에 대한 규정을 비구속성 원조에도 도입할 경우 개도국에 대한 원조가 감소되는 결과를 초래하여 개도국만이 피해를 보게 된다는 점을 강조하면서, 비구속성 원조가 실제로 얼마나 무역을 왜곡시키는지 실증적인 증거를 제시할 것을 요구하고 있다. 이 문제에 대한 논의는 향후 OECD ECG 회의뿐 아니라 OECD 개발원조위원회 차원에서도 계속 논의될 전망이다.

17. 무역과 노동

견 종 호

무역과 노동기준의 연계 논의는 노동자의 인권보호라는 측면에서 19세기 이후부터 진행되어 온 비교적 오랜 역사적 배경을 가진 이슈이다.[128) 20세기에 들어와서는 1919년 국제노동기구(ILO : International Labor Organization) 창설을 계기로 다자 차원에서 본격적으로 논의되기 시작하였다. 그러나 노동기준 문제를 다자무역 차원에서 접근하려는 시도는 그간 별다른 진전을 보지 못하였다.[129) 노동 문제가 다자간 공정무역 확보 측면에서 본격적으로 부각되기 시작한 것은 1994년 UR 협상을 마무리하고 WTO를 설립하는 마라케시 각료회의에서 미국, 프랑스 등 일부 선진국이 향후 다자무역 협상에서 노동 문제를 논의할 것을 주장하면서부터라고 할 수 있다.

---

128) 1890년 죄수노동에 의한 상품의 수입금지를 명시한 미국의 Mckinly 법이 대표적인 예이다.

129) 1948년 국제무역기구(ITO) 창설을 위한 '하바나헌장'에 노동권 조항이 포함되었으나 헌장 자체가 발효되지 않아 실행되지 못하였고, 그후 GATT 차원에서 노동기준에 관한 조항의 채택 노력이 있었으나 별 성과가 없었다.

이렇게 비교적 오랜 역사적 배경을 가진 '무역과 노동기준 연계 논의'가 환경, 투자, 경쟁정책과 같은 새로운 무역 이슈의 하나로서 부상하게 된 것은 미국을 포함한 선진국들의 실업 문제와 깊은 연관 관계가 있다. 1980년대 이후 개도국에서 생산된 노동집약적 상품이 선진국 시장으로 밀려 들어오면서 가격경쟁력을 상실한 산업에 고용된 선진국 노동자들의 실업이 사회문제화되기 시작한 것이다. 또한 1990년대 이후 국가간 직접투자 및 국제적 분업생산의 활성화로 생산시설이 노동기준이 높은 선진국으로부터 개도국으로 점차 이전되어 선진국 노동자들의 실업 문제는 더욱 가중되게 되었다. 이에 따라 선진국 노동조합들은 노동기준이 낮은 개도국이 지나치게 낮은 임금수준을 이용하여 저가의 상품을 생산, 수출함으로써 자신들의 일자리가 잠식되고 있다고 인식하게 되었다. 특히 이러한 주장은 인권에 대한 세계적 관심이 고조되고 아동노동, 강제노동 금지 문제와 연계되면서 무역 이슈의 하나로서 국제적으로 주목받게 되었다.[130]

UR 협상 이후 이슈화되기 시작한 무역과 노동 문제에 대해 WTO 차원의 논의가 강화된 것은 1996년 12월 제1차 WTO 싱가포르 각료회의 전후이다. 이 회의에서 미국을 중심으로 한 선진국들은 무역과 노동기준에 대한 분석을 위한 작업반을 WTO에 설치하고 핵심 노동기준[131]과 무역 간의 관계에 대

---

130) 윤창인 외, <무역과 노동>, 대외경제연구원(2000), 「WTO 신통상 의제 영향분석과 대응」

131) 아직 구체적 노동기준 범위에 대해 국제적 합의는 도출되어 있지 않으나 일반적으로 핵심 노동기준은 근로시간, 최저임금, 작업장 위생·안전 등 근로조건에 직접 영향을 미치는 규율이라고 할 수 있다. 현재 학자들간 대체로 공감대를 형성하고 있는 핵심 노동기준으로는

한 연구를 진행하여 뉴라운드 의제로 노동 문제를 검토하자는 의견을 제안하였다. 그러나 개도국들의 강력한 반발에 부딪쳐 노동 관련 조항을 각료선언문에 포함시키는 수준에서 만족해야만 했다.132) 이후 노동기준 문제는 1999년 11월 시애틀에서 개최된 제3차 WTO 각료회의에서도 논의되었으나, 농업 문제와 함께 선진국과 개도국 간 의견이 다시 첨예하게 대립되어 별다른 논의의 진전을 이루지 못하였다.

현재 무역과 노동기준의 연계 문제는 선진국-개도국 정부 간의 첨예한 의견대립과 함께 선·후진국 노동계 간, 노동계-사용자 그룹 간의 인도주의적, 보호무역주의적, 정치적 이해 관계가 얽혀 더욱 복잡한 양상을 띠고 있다. 지금까지 무역과 노동기준과의 연계를 가장 강력하게 주장하고 있는 그룹은 국제자유노동조합 총연맹(ICFTU : International Confede-ration of Free Unions)으로 대표되는 국제 노동조합들이다. 이들의 주장은 인권과 사회정의 측면에서 노동기준 향상에 초점을 맞추고 있는데, 이들의 기본적 인식은 무역과 자본

---

①강제노동·아동착취 노동이나 차별로부터의 자유를 주요 내용으로 하는 기본권(Basic Rights), ②결사의 자유, 단체교섭권 등 시민권(Civic Rights), ③최저임금, 산재 보상 등 생존권(Survival Rights), ④자의적 해고로부터 보호, 유족 보상 등 안전권(Security Rights) 등을 들 수 있다. 한편, ILO에서는 ①남녀평등, 고용상 차별 금지, ②아동노동 금지, ③강제노동 금지, ④단결권, 단체교섭권 등 결사의 자유 등을 핵심 노동기준의 주요 내용으로 하고 있다.

132) 선언의 주요 내용은 ①국제적으로 인정된 핵심 노동기준의 준수에 대한 약속을 확인, ②국제 노동기준을 설정하고 취급하는 적절한 기구는 ILO임을 확인, ③핵심 노동기준을 보호주의 목적에 사용하는 것에 대한 반대 등이다.

이동의 자유화로 나타나고 있는 세계화 추세가 임금과 근로조건에 있어 사용자들에게 유리한 환경을 조성하고 있으나, 노동자들에게는 일자리와 근로조건을 위태롭게 하는 재앙과 같은 상황을 초래했다는 것이다. 그리고 이러한 상황에서 기본적 노동조건을 준수하지 않는 국가들에 대한 무역제재가 없을 경우 임금 수준의 하락 및 정체 현상이 국제적으로 확산될 것으로 우려하고 있다. 따라서 이들은 세계화가 노동조건의 악화를 초래하지 않도록 다자무역협상에서 핵심 노동기준에 대한 규정을 마련하여 이를 국제적으로 이행하도록 강제해야 한다고 주장하고 있다.[133]

미국, EU 등 선진국 정부들도 이러한 국제노동 조합들의 주장과 맥락을 같이하면서 무역에서의 공정한 경쟁 측면을 강조하고 있다. 즉, 일부 개도국들의 경제가 일정 수준까지 발전해 있음에도 불구하고 최소한의 노동기준을 준수하지 않고 저임금과 낮은 노동기준을 이용하여 제품을 생산, 수출함으로써 국제무역 질서와 투자의 흐름을 왜곡시키고 있다고 인식하고 있다. 또한, 이는 궁극적으로 국제무역, 고용, 경쟁정책의 교란을 가져오므로 기본적 노동조건에 대한 국제적인 규범이 필요하다고 선진국들은 주장한다. 특히 미국은 노동기준에 대한 다자적 논의에 가장 적극적인 입장을 취하고 있는데, 국내적으로도 1984년 개정무역법에서 '국제적으로 인정된 노동권 (Internationally Recognized Worker Rights)' 개념[134]

---

133) 이와 관련 ICFTU는 핵심 노동기준 문제를 분석하고, 무역과의 연계 방안을 모색하기 위한 협의체를 WTO 내에 설립할 것을 주장하고 있다.

134) 여기에는 결사의 자유, 단결권 및 단체교섭권, 모든 형태의 강제 노

을 정립하고, 이러한 노동권을 지속적으로 위반하는 행위에 대해 무역상의 특혜 정지, 관세 부과, 무역 제한의 조치를 취할 수 있게 하였다.

이에 대해 개도국들은 선진국들의 노동기준과 무역의 연계 시도는 개도국의 가격경쟁력을 상실케 하려는 선진국의 보호무역주의 의도가 숨어 있다고 판단하고 있다. 즉, 기술과 자본 등 생산요소 가운데 개도국들이 가장 경쟁력 있는 노동에 관한 비용을 인상함으로써 경쟁력을 확보하겠다는 선진국의 경제 이기주의의 발로라는 것이다. 특히 개도국들은 현재의 낮은 노동기준이 개도국에 불리한 교역조건, 선진국 시장진입 장벽 등에 따른 개도국의 저성장과 빈곤에 기인하는 것인데도 이러한 근본적 원인에 대해서는 논의하지 않고 무역-노동기준 연계만을 문제삼는 주장에 강력하게 반발하고 있는 상황이다.

결국 이러한 개도국의 강력한 반발을 감안하여 2001년 11월 개최된 WTO 도하 각료회의에서는 노동 문제를 도하개발 아젠다 협상의제에서 제외하게 되었다. 다만 그간 WTO 각료회의에서의 결정을 존중한다는 차원에서 WTO가 향후 ILO의 작업을 주목한다는 수준의 내용만을 각료선언문에 삽입하였다.135)

무역과 노동 연계에 대한 지금까지 논의내용이 원론적 대립 수준에서 앞으로 나아가지 못하고 있는 점을 감안할 때 사실

동 금지, 아동노동의 최저연령, 최저임금·노동시간·산업 안전·보건과 관련된 수용 가능한 근로조건 등이 포함되었다.
135) 무역과 노동에 관해서는 도하각료선언문 서문 8항에 "우리는 국제적으로 인정된 핵심 노동기준에 관하여 싱가포르 각료회의에서 합의한 선언문을 재확인한다. 우리는 세계화의 사회적 차원에 관하여 ILO 내에서 진행중인 작업에 주목한다"라고 명시되어 있다.

상 무역과 노동 이슈가 가까운 장래에 WTO 차원에서 다시 논의되기는 어려울 것으로 보이며, 이에 대한 다자적 논의는 ILO 차원에서 계속 진행될 전망이다. 그러나 장기적으로는 미국, EU 등 선진국 정부와 국제노동계의 강한 의지를 고려할 때 자유무역협정(FTA)이나 무역정책 등에 노동기준을 포함하려는 노력은 계속될 것으로 전망된다.

18. 무역과 개발

견 종 호

세계화 현상의 심화와 국가간, 계층간 빈곤 격차의 확대에 따라 개발 문제는 UN, WTO, UNCTAD, OECD 등 국제무대에서 주요 이슈가 되어 왔다. 특히 9.11 테러이후 저개발과 빈곤 문제가 세계평화와 안보에 직접적인 위협이 된다는 사실이 재인식되면서 세계적 빈곤 해소 및 개도국 개발 문제는 최근 주요 국제회의에서 중심 의제로 심도 있게 다루어지고 있다.[136] 사실 1990년대 이후 급속히 진행되어 온 무역과 투자의 자유화는 국내시장의 왜곡 해소, 생산성 제고를 통해 전반적인 빈곤 해소에 기여하였다고 하나, 최빈개도국 등 세계화 과정에서 소외된 국가 및 계층의 빈곤 상태는 개선되지 않고 있는 것이 현실이다.[137][138] 이에 따라 빈곤 해소의 목적

---

[136] 2002년 3월에는 멕시코 몬터레이에서 '유엔개발재원회의'가 개최되었으며, 5월에는 '성장과 개발을 위한 공동협력(Partnership for Growth and Development)'를 주제로 OECD 각료이사회가 개최되었고, 6월 G8 정상회의에서도 아프리카 개발 문제가 주요 의제로 논의된 바 있다. 이와 함께 9월에는 요하네스버그에서 '세계지속발전 정상회의'가 개최되었다.

[137] World Bank의 2002년도 '세계화, 성장 및 빈곤보고서'에 따르면, 현재 세계 인구의 1/5이 하루 1달러 미만으로 생활을 영위하는 절대

뿐 아니라 세계안보의 증진을 위해서라도 세계화의 이익을 개도국도 공유할 수 있도록 무역, 환경, 보건 등 종합적 측면에서 국제적인 개발협력 노력을 강화해야 한다는 논의가 진행중이다.139)

현재 개발 문제와 관련한 OECD, UNCTAD에서의 논의는 선진국 개발원조의 양적 확대 필요성을 인정하면서도 중장기적으로는 개도국이 독자적으로 자신의 개발목표를 달성할 수 있도록 유도해야 한다는 점을 더욱 강조하고 있다. 즉, 단순한 원조의 양적 확대보다는 개도국들의 경제개발 및 무역 관련 능력 배양을 지원하고, 개도국 상품에 대한 선진국 시장의

빈곤 상황에 처해 있다고 한다.

138) 세계화가 국가간, 계층간 빈부격차를 확대했는지 여부에 대해 학자간 논란이 되고 있다. 1999년 UN 인간개발보고서는 1960년대에 세계 인구 상위 20% 계층의 수입이 하위 20% 수입의 30배에 달하였지만 1997년에는 74배로 확대된 점을 지적하면서 세계화가 국가간, 계층간 빈부격차를 확대시켰다고 주장하였다. 그러나 이에 대해 Sala-i-Martin 미국 컬럼비아 대학교 교수는 2002년 7월 20자 Economist 지 기고문을 통해 말레이시아와 한국의 예를 볼 때 모든 국가에서 계층간 빈부격차가 확대된 것은 아니라고 주장하였다. 또한, 동 교수는 국가간 빈부격차도 시장환율을 기준으로 한 소득산출 방식이 아닌 구매력을 기준으로 측정할 경우 빈부격차가 확대되었다고 볼 수 없다는 점을 지적하였다. 한편, OECD 등 대부분의 국제 기구들의 보고서는 세계화에 따른 계층간, 국가간 빈부격차 확대 여부가 지역별, 국가별로 차이가 있는 점을 인정하면서도 세계화 과정에서 소외된 최빈개도국의 빈곤 상태는 더욱 악화되었다는 데 일치된 입장을 보이고 있다.

139) UN은 2000년 9월 IMF, OECD 및 World Bank와 협력하여 절대빈곤 극복, 보편적 초등교육 달성, 성평등, 아동사망률 감소, 모성보건 증진, 에이즈 등 질병 퇴치, 지속 가능한 환경 확보, 개발을 위한 파트너십 등 국제개발 목표의 전반적 방향을 제시한 Millennium Development Goals를 작성, 발표하였다.

개방 확대를 통해 이들이 스스로 경제성장과 빈곤 문제를 해결할 수 있도록 협력해야 한다는 것이다. 이러한 측면에서 개발문제에 있어 무역의 역할은 매우 중요하다. 왜냐하면 아시아 신흥시장국가들의 성공사례에서 볼 수 있듯이 다자무역 체제는 개도국들에 넓은 수출시장을 제공하고 생산과 소비의 효율화를 촉진시켜 개도국들이 중장기적으로 빈곤 극복과 경제성장을 이룩할 수 있는 터전을 마련해 주기 때문이다. 현재 개도국들이 다자무역 체제에 적극적으로 참여하도록 하고, 이들이 무역을 통해 빈곤 및 성장 문제를 해결할 수 있도록 지원해야 한다는 논의가 도하개발아젠다 협상과 관련하여 WTO를 중심으로 진행되고 있다.

그러나 무역을 통한 성장과 빈곤퇴치라는 논의는 새롭게 대두된 이슈는 아니다. 이미 1960년대 UNCTAD가 출범할 즈음 발표된 프레비시 보고서[140]는 개도국 상품에 대한 선진국 시장개방 문제를 제시한 바 있다. 그러나 다자간 무역협상을 통해 개도국의 선진국 시장으로의 접근 개선, 개도국 우대조치 등이 여러 차례 논의되었음에도 불구하고 개도국 상품의 선진국 시장접근은 크게 개선되지 않은 상태이다. 개도국들은 그 동안 선진국 시장의 평균 관세율은 매우 낮추어졌지만 개

---

140) 제1차 UNCTAD 총회(1964) 개최에 앞서 UNCTAD 사무총장인 R. Prebish는 '개발을 위한 새로운 무역 정책을 향하여'라는 보고서를 발표하였다. 이 보고서에서 Prebish는 선진국 무역정책을 새로운 방향으로 전환함으로써 저개발국의 무역 확대와 개발을 촉진할 수 있을 것이라고 지적하면서, 선진국들은 저개발국이 생산하는 완제품 및 반제품의 수입에 대하여 10년간의 특혜 관세제도를 실시하는 등 개도국들의 개발을 위한 전향적인 무역정책을 실시해야 한다고 강조하였다.

도국들의 주된 수출품인 농산물, 섬유와 같은 노동집약적 상품에 대한 관세율은 여전히 높다고 주장한다. 특히 이들은 선진국들이 세이프가드, 반덤핑 조치를 통해 우회적으로 개도국 제품의 시장접근을 봉쇄하고 있다고 비판하고 있다. 이와 함께 개도국들은 무역자유화가 선진국의 경쟁력을 가진 공산품 및 서비스 교역 위주로 진행되고 있다는 점을 지적하면서, 다자간 무역협상에서 개도국 수출품의 선진국 시장접근이 실질적으로 이루어질 수 있도록 강력히 요구하고 있다.

개도국들의 이러한 주장이 구체적 형태로 가시화된 것은 제 4차 도하 WTO 각료회의의 준비과정에서였다. 케네디 라운드, 우루과이 라운드 등 선진국이 주도하고 개도국들이 수세적인 입장에서 따라가는 형태의 종전 다자무역협상과는 달리 제4차 WTO 각료회의에서 출범된 '도하개발아젠다'(DDA : Doha Development Agenda)는 그 이름에서도 알 수 있듯이 시작에서부터 개도국들의 이해를 강하게 반영하였다. 개도국들은 다자무역협상을 통한 무역자유화가 개도국의 이익 증진에 실질적으로 도움이 되지 못하였다고 주장하면서 시장접근 개선, 개도국 우대조치 등 GATT(Part 4) 및 WTO 협정상 규정된 개도국 관련 조항의 실질적인 이행(소위 이행 문제 : Implementation Related Issues and Concerns)을 강조하였다.141)

---

141) 이러한 개도국의 주요 요구내용은 섬유 등 개도국 공산품의 선진국 시장접근 개선, 수출보조금 관련 개도국의 경과기간 연장, 농업 분야에서 개도국 우대, 개도국의 필수의약품 확보를 위한 TRIPs 협정상의 신축성 인정, 최빈개도국에 대한 특별대우, 향후 서비스 협상에서 개도국 이익 반영, 그리고 개도국의 무역능력 향상을 위한 기술지원이다.

이에 따라 도하각료선언문에는 개도국 우대 조항(S&D : Special and Differential Treatment) 강화, 최빈개도국에 대한 시장접근 개선,142) 무역능력 배양을 위한 기술협력, 이행 문제의 논의 방향143) 등을 포함하게 되었다. 현재 개도국 우대조항을 효과적으로 실현하기 위해 GATT 및 WTO 규정의 개도국 우대 조항에 대한 검토작업을 WTO 무역개발이사회에서 진행하고 있는데, 이 검토작업을 기반으로 구체적인 이행방안이 논의될 예정이다. 이행 문제와 개도국 우대 조항 강화 문제는 일괄타결 방식의 도하개발아젠다 협상 타결을 위해 반드시 해결되어야 할 이슈이나, 사안별로 국가별 이해 관계가 대립되고 있어 향후 협상과정에서 합의 도출을 위한 진통이 예상된다.

한편, 개도국 우대 문제와 관련하여 제기되고 있는 사항 중 하나는 개도국 지위의 세분화(tiering) 및 개도국 지위 졸업(graduation) 문제이다. 이러한 논의의 출발점은 현재 개도국의 정의와 범위에 대한 명시적인 합의가 없는 데 있다. 즉, 개도국 지위가 많은 국가들에게 광범위하게 적용되어 빈곤퇴치와 성장을 위해 실질적으로 우대조치가 절실한 후발개도국들이 진정한 '특별대우'를 받지 못하고 있는 것이다. 예컨대

---

142) 도하각료선언문은 ①최빈개도국 수출품에 대한 무관세, 무쿼터라는 목표를 지향할 것을 약속하고, ②WTO 사무국이 최빈개도국과 관련된 모든 이슈를 검토하여 제5차 WTO 각료회의까지 보고하도록 명시하였다.

143) 도하각료선언문 12조는 각료선언에서 구체적 협상 mandate가 부여된 이행 문제는 mandate에 따라 협상하고 기타 문제는 관련 WTO 산하기구에서 우선적으로 검토하여 2002년 말까지 적절한 조치를 무역협상위원회(TNC)에 보고하도록 하였다.

1998년 1인당 국민소득이 2만 불이 넘는 싱가포르와 400불에 불과한 가나가 같은 개도국으로서 인정받고 있는 것이 대표적인 사례이다. 따라서 최빈개도국 등 후발개도국에 보다 많은 혜택이 돌아갈 수 있도록 개도국 지위를 세분화하고, 일정 수준에 이른 선발개도국에 대해서는 개도국 지위를 졸업하도록 해야 한다는 주장이 지속적으로 제기되고 있다. 그러나 이러한 논의는 개도국 분류기준의 객관성 문제 및 개도국 지위를 상실할 가능성이 있는 국가들의 반발 우려 등으로 아직 WTO 차원에서 본격적으로 논의되고 있지 못하고 있는 상황이다.

선진국 시장접근 개선, 개도국 우대조치 강화 문제와 함께 개도국의 무역 관련 능력배양과 기술지원 문제도 무역과 개발 분야에서 중요한 이슈이다. 왜냐하면 비록 개도국 상품이 선진국 시장접근이 가능하다 할지라도 무역절차 및 상대방 제도에 대한 지식이 부족하고 통관, 관세제도 등 개도국들의 무역 관련 제도가 낙후되어 있거나, 관련 제도를 시행할 인적자원이 없다면 시장접근 개선이 개도국의 실질적인 수출 증대, 고용 증진 및 빈곤 해소와 연결되지 못할 것이기 때문이다.

개도국 능력배양 및 기술지원 논의는 OECD, UNCTAD, IBRD, WTO 등의 국제기구와 IF[144] 및 JITAP[145] 등을

---

144) IF(Integrated Framework for Trade-Related Technical Assistance to Least-Developed Countries)는 최빈개도국에 무역과 관련된 기술지원 제공을 목적으로 1997년 설립된 협의체로 ITC(International Trade Center), IMF, UNCTAD, UNDP, WTO, IBRD 6개 국제기구가 참여중이다.

145) JITAP(Joint Integrated Technical Assistance Program)은 최빈개도국에 대한 기술협력 지원을 위해 WTO, ITC, UNCTAD가

통해서 진행되고 있는데, 구체적 활동은 UNCTAD 및 WTO를 통해 이루어지고 있다. 특히 WTO는 2001년 12월 개도국이 WTO 규범을 보다 잘 이해하고 협정상의 권리와 의무를 잘 이행할 수 있도록 이들에 대한 교육훈련 등 기술 지원을 위해 DDA Global Trust Fund(DDAGTF)를 설치한 바 있다.[146) WTO는 이 기금을 여타 국제기구와 협력하여 무역 관련 세미나, 워크숍 개최, 전문가 파견, 개도국 공무원에 대한 교육 활동에 사용하고 있다. 한편 OECD도 개발원조위원회, 무역위원회 활동을 통해 개도국의 개발 및 무역 관련 능력 제고를 위한 이론적 연구작업을 지원하고 있는데, 개도국의 무역 관련 능력 배양과 기술 지원 활동은 WTO를 중심으로 OECD, UNCTAD 등의 개발 관련 국제기구의 협력을 통해 더욱 확대될 전망이다.

1996년 공동으로 출범시킨 프로그램이다.
146) WTO는 2002년 3월에 개최된 기금서약회의를 통해 총 23백만 스위스프랑의 기금을 조성하였다.

19. 무역과 경쟁

최 재 하

GATT에서 WTO로 이어지는 세계무역의 자유화 진전과 더불어 기업의 생산, 투자 및 판매활동이 국경을 초월하여 이루어지면서 이제 기업활동에 있어 국경의 의미는 많이 퇴색하였다. 그러나 무역자유화의 혜택으로 외국시장에 진입한 기업들은 그 나라의 독과점 시장구조라는 새로운 교역장벽에 부딪치는 경우가 발생하게 되었다. 즉, 한 국가의 시장이 외국에 개방되었음에도 불구하고 그 나라 시장이 독과점체제로 되어 있어 외국기업에 대해 배타적 거래관행을 일삼는다면, 무역자유화에 따른 시장개방이 아무런 의미를 갖지 못하게 되는 것이다. 예컨대, 어느 나라의 가전제품 시장이 외국에 개방되었다 하더라도 그 나라 가전제품 판매망이 그 나라 생산업체에 의해 독점적으로 수직계열화되어 있다면 외국 가전제품 회사는 경쟁력 있는 판매망을 확보하지 못해 수출이 불가능하게 될 수 있는 것이다. 이에 따라 서비스 분야를 제외하고는 무역자유화가 상당 부분 진전된 이 시점에 있어 시장구조의 독과점 여부가 새로운 무역 이슈로 등장하게 된 것이다.147)

---

147) 이와 같은 수직적 독과점 시장구조에 의한 진입 제한은 그것이 갖는

미국과 EU에 의해 빈번히 발동되는 자국 경쟁법의 역외적용 문제도 이와 관련하여 고찰할 필요가 있다. 예컨대 미국에 수출하는 외국기업간에 외국에서 행한 가격담합 등 불공정 거래행위로 미국의 수입자 및 소비자가 피해를 입을 경우, 미국은 자국 경쟁법을 역외적용하려고 한다. 이는 국가별로 경쟁법의 엄격성에 있어 차이가 있을 뿐만 아니라 일부 국가는 아예 경쟁법이 없기 때문인데, 미국의 역외적용 시도는 필연적으로 영토관할권을 침해당한 상대국의 반발을 초래하게 되며, 이러한 역외적용에 따른 주권 충돌은 국제시장의 보편성과 국가 주권의 한정성이라는 상호 모순에서 발생한다. 이에 따라 각국은 경쟁법의 차이로 인한 마찰을 최소화하기 위해 OECD 등 다자적 차원에서 경쟁법의 조화 노력을 시도하고 있다.

한편, 반덤핑 조치도 경쟁정책의 관점에서 고찰할 수 있다. 즉, 어떤 기업의 외국시장에서의 덤핑 행위는 시장 분할을 전제로 한 약탈적 가격책정 행위148)로 볼 수 있으며, 이는 경

뚜렷한 시장접근 제한성에도 불구하고 경쟁정책 관점에서 국제적 논의의 대상이 되기에는 어려움이 있다. 왜냐하면 수평결합인 경성 카르텔과 달리 수직결합은 기업간 거래를 기업 내부거래로 전환시켜 거래비용을 절감시키는 효율성 증대효과가 있으므로 개별 사안별로 합리성의 원칙에 따라 그 반경쟁성 여부를 판단할 필요가 있기 때문이다. 국내적으로도 그 반경쟁성 여부에 대해 의견이 달라질 수 있는 사안을 각국 경쟁정책의 조화를 위한 국제적 논의의 주제로 삼기에는 부적절한 면이 있는 것이다. 다만, 이를 시장접근 제한의 또 다른 비관세 무역장벽으로 지목하여 무역 이슈로 삼을 수는 있을 것이다.

148) 기업간의 경쟁은 수없이 많은 형태로 나타난다. 만약 시장지배적 기업이 경쟁기업을 시장에서 몰아내기 위하여 평균비용 이하로 낮은 가격을 부과하면 단기적 손실을 감당하지 못하는 한계기업은 파산하게 될 것이다. 시장지배적 기업은 단기에는 가격을 인하하여 손실을 입었다 할지라도 경쟁기업이 이탈한 후에는 시장을 독점하고 초과이

쟁 증진의 차원에서 규제되어야 할 행위로 규정할 수도 있다. 그러나 WTO가 허용하고 있는 반덤핑 조치는 그 이름과 달리 각국의 보호무역 수단으로 남용되고 있는 것이 주지의 사실이다. 실제로 미국 등은 반덤핑 조치가 수출국 기업의 불공정 무역효과를 상쇄하기 위한 무역조치이므로 경쟁정책 측면에서 이를 보아서는 안 된다고 주장하고 있어 반덤핑 조치에 대한 다자간 경쟁정책 논의를 어렵게 하고 있다.

현재 OECD에서 추진되는 각국 경쟁법의 조화를 위한 노력은 합병 규제절차 조화와 경성 카르텔149) 금지를 중심으로 논의되고 있다. 우선 합병 규제절차의 조화 문제는 각국의 합병 심사절차가 서로 다른 데서 발생하는 기업의 부담과 혼란을 최소화시킬 필요성에서 대두된다.150) 세계화의 심화에 따라 초국경적 합병이 보편화되고 하나의 합병거래가 두 개 이상의 국가로부터 심사를 받아야 하는 사례도 많아지게 되었다. 심지어 다른 나라에서 발생한 기업결합 사건이라고 하더라도 기업결합이 국경을 넘어 효과를 미칠 경우에는 관련 국가가 이를 심사하는 사례까지 생겨나게 되었다.151) 이에 따

윤을 확보하게 된다. 이와 같이 경쟁기업이 점유하고 있는 시장을 약탈(predation)하고 독점적 지위를 확보하기 위해 가격을 평균비용 이하로 인하하는 행태를 약탈적 가격책정 행위라고 한다.(산업조직론 p310, 정갑영)

149) 경성카르텔이란 일반적으로 가격담합, 시장분할, 생산량 통제 등 불공정거래 성격이 아주 뚜렷한 기업간 담합행위를 일컫는다.

150) 합병 심사절차의 국가간 차이에 따른 기업의 부담은 여러 국가에 동시에 기업결합 신고를 해야 하는 부담, 국가별로 상이하고 불명확한 신고기준 및 신고시점으로 인한 혼란, 관련 제출자료의 수개국어 번역료 부담, 경쟁당국간 상이한 심사 결과가 나오는데 따른 혼란 등을 들 수 있다.

151) 최근 GE/Honeywell 합병건은 순전히 미국 기업간 합병 시도였지

라 OECD는 신고기준(threshold), 신고 시점, 제출 문서의 번역, 간이심사절차 허용 등 합병심사 관련 기업 관심사항에 대해 집중적으로 논의를 하고 있다.152) 이와 같은 논의의 결과물은 향후 전개될 WTO의 무역과 경쟁정책에 관한 협상시 중요한 논의의 바탕이 될 전망이다.

한편, 경성 카르텔은 그것이 갖는 반경쟁적 효과가 너무도 뚜렷하여 이에 대한 규제 필요성에 대해 각국 경쟁 당국간 이견이 없는 상황이다.153) OECD는 지난 2년간 경성 카르텔의

만, EU는 혼합결합의 포트폴리오 효과를 이유로 합병을 불허한 바 있다. 즉, GE가 시장지배력이 있는 항공기 엔진 분야와 보완재인 Honeywell의 항공 전자장비 분야간 상호 leverage가 가능해짐에 따라 각각의 시장에서 시장지위를 더욱 확대시키고 이러한 과정에서 항공기 부품산업의 경쟁자들에게 시장봉쇄효과(foreclosure)를 초래할 수 있다는 것이 EU의 합병불허 이유이다. EU의 합병불허 결정, 즉 EU 경쟁법의 역외적용에 대해 미국 내 기업이 따르지 않을 경우 이를 법적으로 강제집행할 수단은 없다. 그러나 EU 시장에 많은 영업이해가 결려 있는 미국 항공부품사들로서는 EU 경쟁 당국의 결정을 무시할 경우 EU 시장 내에서 직간접적인 영업상 제재를 받을 수 있기 때문에 어떻게든 타협을 모색하게 된다.

152) 기업들은 합병 심사절차와 관련해 다음과 같은 입장을 가지고 있다. ①합병 신고기준은 확실하고 객관적인 기준, 예컨대 매출액이나 자산규모를 기준으로 설정해야 하며 시장점유율 등 가치판단이 개입된 기준을 배제해야 한다. ②매출액이나 자산규모 등도 세계시장이 아닌 국내시장을 기준으로 해야 한다. ③신고 시점은 가능한 한 가장 빠른 시점으로 하여 심사절차를 조기에 종결함으로써 심사절차로 인해 기업합병 절차가 지연되는 것을 방지해야 한다. ④한편, 합병 심사당국이 요구하는 문서에 대한 번역은 합병 당사 기업이 지게 되는 경제적 부담을 고려해야 하며, 경쟁 문제를 일으키지 않는 기업결합에 대해서는 정식절차가 아닌 간이절차에 의한 신고를 허용하는 2단계 접근방식을 허용해야 한다. 즉, 1단계는 예컨대 30일 내에 심사를 마무리하는 간이신고, 2단계는 보다 심층적인 심사를 하는 단계가 되도록 하는 것이 바람직하다는 것이다.

폐해 측정, 최적 제재수단,154) 조사기법,155) 국제협력과 정보공유 방안 등 다양한 이슈를 논의해 왔으며, 이를 통해 국제카르텔 조사과정에서 경쟁당국간 협력방안을 모색하고 있다.

각국 경쟁법의 조화라는 구조적이면서 거시적 논의와 함께 개별 사안 위주의 미시적인 문제에 대한 논의도 병행되고 있다. 지적재산권의 국제적 소진(international exhaustion)에 관한 최근 논의가 대표적인 사례이다. 지적재산권의 국제적 소진이라 함은 간단히 말해 원권리자의 지적재산권에 대한 권리는 일단 최초 판매 후에는 사라지며, 이것이 국제적 거래에 있어서도 마찬가지로 적용된다는 것이다. 즉, 특허품(상표품)의 판매가 국경을 넘어 발생하였다는 것은 중요하지 않고 일단 최초 판매에 의해 지적재산권 보유자가 정당한 이익을 획득하였다면 그 권리는 이미 소모된 것으로 보는 것이다. 이는 물품의 자유롭고 안정된 유통을 보장하는 동시에 지적재산권자의 중복이득을 방지하기 위해서도 필요하다는 주장이다.

지적재산권의 국제적 소진 문제는 결국 병행수입156) 금지

---

153) 이와 관련, OECD는 1998년 3월 'OECD 경성 카르텔 금지권고'를 채택한 바 있다.

154) 카르텔에 대한 최적 제재조치로는 기업에 대한 벌금, 개인에 부과한 벌금에 대한 기업의 지원 금지 등이 논의되고 있으며 기업에 대한 벌금 부과기준으로서 카르텔로 인해 기업이 얻은 부당이득을 산정하는 구체적 기법도 논의되고 있다.

155) 은밀하게 이루어지는 카르텔의 특성상 다른 반경쟁 행위와는 다른 조사수단이 강구될 필요가 있는데, 가장 효과적이고 대표적인 카르텔 조사수단으로는 카르텔에 가담하였으나 이를 경쟁 당국에 신고한 기업에 대한 처벌면제제도(이른바 'leniency program')가 있다. 이외에 불시 조사, 도청, 문서 요구 등이 있다.

156) 병행수입(parallel imports)이란 수입권자가 소재한 국가 이외의 국

의 경쟁 제한적 성격과 지적재산권 보호를 통한 연구개발 인센티브 부여간의 상충 문제와 연관된다. 지적재산권 상품의 병행수입 금지는 원수출자의 시장 분할 및 가격차별정책을 인정하는 것으로서, 이로 인해 경쟁 제한효과가 발생한다. 즉, 제3국으로부터의 지적재산권 제품 수입을 지적재산권 보호라는 명분으로 금지함으로써 수입국과 제3국시장은 분리되며, 지적재산권자는 수입국과 제3국시장을 분할하여 가격탄력성에 따른 가격차별정책을 구사함으로서 독점이윤을 증대시킬 수 있게 된다. 이는 명백히 경쟁법의 규율 대상인 반경쟁행위에 해당된다.157) 한편, 병행수입을 허용하게 되면 지적재산권이

가에서(원권리자의 허가하에) 적법하게 수입 혹은 제조된 상품이 수입권자가 소재한 국가로 수입되는 것을 말한다. 즉, A국의 a기업이 B국의 b에게서 상품 X에 대해 독점수입계약을 맺고 X를 수입하고 있는데, 역시 b와 수입계약을 맺은 C국의 c가 C국으로 수입한 상품 X를 A국에 다시 수출하는 경우를 말한다. 이 경우는 물론 b의 시장 분할 및 가격차별정책에 따라 A국보다 C국에 판매하는 상품 X의 가격이 싼 것을 가정하며, A국의 입장에서는 B국 및 C국 양쪽에서 수입되므로 병행수입이라고 칭하는 것이다.

157) 원래 경쟁정책적 관점에서 병행수입 금지는 시장분할의 반경쟁행위이므로 일반적으로 금지되나, 다음과 같은 경제적 효율성(소비자 후생) 향상 효과도 고려하고 있다. 즉, 병행수입 금지는 외부효과를 제거함으로서 소비자에게 충분한 정도의 고객서비스나 정보제공을 하는데, 고급브랜드 등 상표품에서 쉽게 예를 찾아 볼 수 있다. 전용사용권자(독점 수입업자)가 특별히 제품의 광고나 사후적인 서비스 등에 투자를 할 경우 제품 품질 유지에 기여할 수 있으며 특히 전용권자에게 할당된 특정 지역에서 동 브랜드의 신용을 축적하는 데 중요한 역할을 할 수 있다. 그러나 병행수입자는 이러한 비용을 부담할 필요가 없는 동시에 전용사용권자의 제품 또는 브랜드의 신용에 대한 투자로부터 이득을 보는 무임승차문제가 발생하게 되며, 전용사용권자는 이로 인해 적정수준의 광고 및 A/S 등을 할 인센티브를 잃게 된다. 지적재산권 제품의 병행수입 문제는 이러한 병행수입 금지의 경

충분히 보호되지 못하여 지적재산권 보호를 통한 연구개발 인센티브 부여라는 지적재산권의 국제적 보호 취지를 무색하게 할 수 있는 문제점이 있다. 즉, 지적재산권자가 지적재산권 제품을 일부 국가군에 단일가격으로 판매하더라도 소요된 연구개발비를 모두 회수할 수 있다면 문제되지 않지만, 일반적으로 시장의 수요 탄력성이 상이한 다수 국가 시장을 대상으로 판매해야만 소요된 연구개발비를 조기에 회수할 수 있기 때문에 원권리자 입장에서는 시장 분할을 위한 병행수입 금지가 필요하게 된다. 지적재산권의 국제소진 문제는 결국 지적재산권 제품의 병행수입 금지로 인한 경쟁 제한효과와 병행수입을 금지하면서까지 지적재산권을 보호해 줌으로 인한 연구개발 유도효과 간의 균형 문제로 귀결된다.158) 일반적으로 상표권 제품은 특허권 제품에 비해 병행수입을 허용하더라도 연구개발비 감소효과가 작은 것으로 나타나 병행수입 허용의 여지가 큰 것으로 나타나고 있다.

우리나라는 무역과 경쟁에 대한 상기 OECD 논의 동향을

제적 효율성 향상측면에 대한 고찰 외에 지적 재산권 보호라는 또 다른 측면을 고려해야 하는 것이다.

158) 지적재산권 제품의 병행수입 문제는 특히 AIDS 신약 등 필수 의약품의 병행수입 허용 여부를 놓고 선·후진국 간 첨예한 대립을 보이고 있는데, 후진국은 필수 의약품에 대한 병행수입을 허용, 약가를 낮추어야 한다는 입장인 반면, 선진국은 병행수입이 허용되면 저가책정시장(후진국)의 약품이 고가책정시장(선진국)으로 유입되어 적정 이윤보장이 안 되게 되고, 세계적 단일가격의 형성으로 저가격국가(후진국)에서는 오히려 가격의 증가를 초래할 것이라는 이유를 들어 병행수입 금지를 통한 시장 분할장치가 반드시 필요하다는 입장을 보이고 있다. 최근 우리나라에서는 노바티스 사의 백혈병 치료제 글리벡의 지나치게 높은 가격(한달 3백만 원)과 관련, 지적재산권 보호와 공중보건의 상충 문제에 대한 논쟁이 벌어진 바 있다.

국내 경쟁정책에 반영하도록 노력하고 있다. 즉, 합병 신고기준, 신고 시점 등 합병 심사절차 규정을 OECD 논의 동향에 맞춰 보완, 개선하고 있으며, 경성 카르텔에 대한 최적 제재 조치, 조사수단 등 OECD의 논의를 국내 법규에 반영토록 하고 있다. 지적재산권의 국제적 소진과 관련하여 우리 경쟁 당국은 상표권은 저작권, 특허권 등과는 달리 기술 혁신효과나 창조성이 적어 특별히 보호할 필요성이 적으므로 병행수입을 허용하여 소비자 이익을 제고하는 것이 타당하다는 입장이다.

20. 해외 직접투자(FDI) 자유화를 위한 다자규범 제정

최 영 배

해외 직접투자(FDI : Foreign Direct Investment)[159]
는 1980년대부터 비약적으로 그 규모가 증가하여 왔으며 세
계 자본 이동에서 차지하는 비중도 1980년대 16%에 불과하
던 것이 1991~97년 중에는 19%로 확대되었고, 1998~
2000년 중에는 37%에 이르렀다.[160] 이는 주로 선진국간의
국경간 인수합병(cross-border M&A)의 증가에 기인하나
개도국 특히 아시아로의 직접투자 유입도 꾸준히 증가세를 보
여 왔다. 이러한 해외 직접투자의 증가는 국경을 초월한 생산
및 판매활동을 가속화시킨 다국적기업들의 활동에 힘입은 바
크지만 다른 한편으로는 외국인 직접투자의 긍정적인 경제적
효과를 인식한 각국 정부, 특히 개도국 정부의 적극적인 유치
노력에도 그 요인이 있다고 하겠다.

이러한 각국 정부의 외국인 직접투자 유치를 위한 노력은

---

159) FDI는 해외 직접투자, 외국인 직접투자 등으로 다양하게 저칭되나
이글에서는 총괄적인 의미에서는 해외 직접투자로 지칭하고 투자유
치국의 시각에서는 외국인 직접투자로 지칭한다.
160) 직접투자를 포함한 세계 자본이동 규모는 꾸준한 증가세를 보여 왔으
나 2001년에는 그 규모가 감소하였다.

크게 두 가지 형태로 나타나는데, 하나는 투자국과 양자간 투자협정(BIT: Bilateral Investment Treaty)을 체결하여 기투자된 외국인 직접투자의 보호를 국제법적으로 약속하는 것이고,[161] 다른 하나는 외국인 직접투자가 쉽게 이루어질 수 있도록 각종 투자 관련 규제를 완화하고 국내 투자자와의 차별을 철폐하는 등 외국인 투자자유화를 위한 조치들을 취하는 것이다. 실제로 1959년 독일과 파키스탄 간에 처음 체결된 양자투자협정은 2000년 말까지 전세계적으로 1941개가 체결되었으며[162] 1991~2000년 동안 전세계적으로 조사된 FDI와 관련된 1185개의 규제변화(regulatory changes) 중 1121개가 투자자유화 및 투자 인센티브와 관련하여 외국인 직접투자에 우호적인 조치였다.[163]

그러나 이러한 복잡한 양자 투자협정의 네트워크와 각국별로 상이한 투자자유화 조치들은 세계경제 전체 차원에서 볼 때 과도한 비용요인이 되어 경제왜곡 현상을 가져오는 측면도 있다. 따라서 무역과 관련하여 각국의 상이한 제도를 WTO 차원에서 다자적으로 규율하여 세계무역의 확대와 후생의 증대를 가져왔듯이 각국이 경쟁적으로 취하고 있는 직접투자와 관련된 보호 및 자유화 조치를 통합하여 규율할 수 있는 다자간 투자규범의 정립은 해외 직접투자의 확대와 세계경제 발전에 기여할 것이라고 볼 수 있다.

---

161) 양자간 투자협정은 대개 직접투자를 포함하여 모든 종류의 투자 자산(assets)을 그 보호대상으로 한다.

162) UNCTAD의 "World Investment Report 2001"에서 인용. 우리나라는 2002년 8월 현재 70개(61개 발효)의 양자간 투자협정을 체결하였다.

163) UNCTAD의 "World Investment Report 2001"에서 인용.

직접투자와 관련해 다자규범 마련을 위한 대표적인 노력이 1995~98년간 OECD에서 있었던 다자간투자협정(MAI: Multilateral Agreement on Investment) 협상이다. OECD는 이미 1961년 체결된 '자본이동 및 경상무역외거래에 있어서의 자유화규약'(소위 양대 자유화규약)과 1976년 처음 발표된 '국제투자 및 다국적기업에 관한 선언'을 포함하여 국제투자와 관련된 다자규범들을 다수 제정하였으나, 이들은 선진국간 거래에 국한되며 내용에 있어서도 포괄적이지 못한 한계가 있었다. 따라서 OECD는 직접투자와 간접투자를 포괄하여 투자자유화 및 투자보호를 모두 규율할 수 있고 분쟁해결 절차를 통해 법적인 구속력을 확보하면서도 선진국과 개도국이 모두 참여할 수 있는 실질적인 다자간 투자규범을 체결하기 위해 1995년부터 MAI 협상을 시도하였다.

구체적으로 MAI는 투자와 관련하여 내국민대우, 최혜국대우 및 투명성 등 투자자유화의 기본원칙을 규정하였고, 내국민대우 및 최혜국대우 이상의 자유화 규범이 요구되는 분야로서 핵심인력 이동, 이행의무, 민영화, 독점, 국영기업, 양허, 투자 인센티브 등을 특정 과제(special topics)로 취급, 별도의 규정들을 두었다. 또한 분쟁해결과 관련하여 국가 대 국가 간 및 투자자 대 국가 간 분쟁해결 절차를 두었다. 특히 MAI는 OECD 다국적기업 가이드라인164)을 협정에 첨부하기로 하여 투자유치국들이 준수해야 할 의무뿐 아니라 투자자로서 다국적기업의 책임을 강조하기도 하였다.

---

164) OECD 다국적기업 가이드라인에 대해서는 이 책의 제2부 13장을 참조

MAI 협상 과정에 참여한 국가들165)은 이러한 MAI의 제 규정들에 대하여 상당 부분 의견 일치를 보았으나 협상 참가 국들의 이해가 걸린 몇 가지 정치적 쟁점들에 대해서는 합의를 이루지 못하였다. 예를 들어 환경과 노동기준을 MAI에 명시할 것인지에 대해 선진국과 개도국 간 의견차이가 있었으며, 지역경제통합기구의 역내 투자자유화 조치에 대해 최혜국 대우를 배제할 것인지에 관해 EU와 여타 국가 간 이견이 존재하였다. 또한 미국의 헬름스-버튼법 등과 같이 제3국 투자자의 투자를 제한하는 특정 국가 국내법의 역외적용을 금지할 것인지에 대해서 EU와 미국 간 이견이 있었으며, 프랑스·이탈리아 등은 자국 문화산업 보호를 위해 문화산업 전체에 대해 MAI 적용을 배제할 것을 요구하기도 하였다.

MAI 협상은 1998년 말을 끝으로 중단되었는데 협상 국가들간의 이견도 원인이었지만 보다 중요하게는 환경, 노동 분야 시민단체들의 반대가 크게 작용하였다. 시민단체들은 1997년 발생한 Ethyl 사와 캐나다 정부와의 분쟁166)과 같이 MAI가 체결될 경우 다국적기업에 의해 개별 국가의 경제주권이 침해될 것을 우려하였다. 결국 프랑스, 미국 등은 자국 시민단체들의 압력에 의해 협상을 포기하게 되었다.167)

---

165) OECD 회원국들외에도 홍콩, 브라질, 아르헨티나, 칠레, 슬로바키아 등이 협상에 참여

166) Ethyl 사는 미국의 자동차연료 첨가물 제조회사로서 캐나다에 자회사를 두었으나 캐나다 정부는 Ethyl 사의 자동차연료 첨가물에서 건강에 유해한 망간이 검출됨에 따라 수입 및 주간 수송을 금지하였다. 이에 Ethyl 사는 NAFTA의 투자규정에 의거, 캐나다 정부를 상대로 2.5억 달러의 보상을 요구하였으며, 1998년 7월 캐나다 정부는 1천3백만 달러를 보상하기로 결정하였다

167) MAI의 비밀협상 문안을 입수하여 인터넷에 공개함으로써 각국 시민

OECD에서의 협상이 실패한 후 직접투자와 관련된 다자규범을 창출하기 위한 국제사회의 노력은 WTO로 그 중심이 옮겨졌다. 실제 GATT 차원에서는 1980년대부터 국제투자 문제가 논의되었으며 UR 협상 결과 채택된 '서비스 교역에 관한 일반협정(GATS)'168) 및 '무역 관련 투자조치(TRIMs) 협정'169) 등에서 무역 및 서비스 산업과 관련된 국제투자에 관한 다자간 규범을 제시하기도 하였다. 또한 1996년 싱가포르 각료회의에서는 WTO 내에 무역과 투자의 연계작업반을 설치하기로 하여 다자간 투자규범 제정을 위한 기초조사 작업이 시작되었다.

1998년 MAI 협상이 실패한 후 EU, 일본, 한국 등 다자간 투자규범에 우호적인 국가들은 1999년 시애틀 WTO 각료회의에서 다자간 투자규범을 뉴라운드 협상과제에 포함시키기 위해 노력하였으나 다자간 투자규범에 대해 회의적인 개도국

단체들의 반대를 이끌어낸 미국 시민단체 Public Citizen과 관련된 흥미로운 내용을 <Lori's war>, Foreign Policy, Spring 2000에서 찾아볼 수 있음.

168) GATS 협정은 대상이 되는 서비스 공급의 형태를 ①국경간 이동 ②해외 소비 ③상업적 주재 ④자연인의 이동 등 4가지로 분류하고 있는 바 상업적 주재(commercial presence)는 서비스 공급을 목적으로 다른 회원국의 영토 안에 법인이나 지점 등을 설립하는 형태로서 직접투자와 밀접하게 관련되어 있다.

169) TRIMs 협정은 무역에 제한적 또는 왜곡적 효과를 미치는 투자조치에 대한 규제를 목적으로 하고 있으며 구제적으로 GATT 제3조(내국민 대우) 및 제11조(수량 제한의 일반적 금지)에 위배되는 조치들, 즉 일정 수준의 국내 조달을 강요하거나 수입수량 또는 금액을 수출물량이나 금액에 따라 제한하는 조치, 수입액을 해당 기업의 외화조달액에 따라 제한하거나 특정 품목 또는 일정 수준의 수출을 강제하는 조치 등을 금지하고 있다.

들의 입장과 시민단체들의 반대로 진전을 이루지 못하였다. 2001년 도하 각료회의에서는 2003년 각료회의에서 협상방식에 대한 의견 일치가 이루어질 경우 다자간 투자규범 협상을 개시하기로 결정하고 그때까지 무역과 투자작업반을 통하여 투자의 정의·범위·투명성·무차별 원칙·투자 전단계의 투자자유화 방식·개발규정·예외·협의 및 분쟁해결 등 다자간 투자규범이 다루어야 할 사항들에 대한 개념 명확화 작업을 진행하기로 하였다.

현재 WTO 무역과 투자작업반에서 이루어지고 있는 다자간 투자규범에 대한 접근은 OECD의 MAI 논의와 차이를 보이고 있는데÷ 이는 개도국들이 다수인 WTO의 특성상 투자자유화 및 투자보호에 있어서 개도국들의 입장을 반영해야 하기 때문이다. 구체적으로 투자자유화와 관련하여 WTO는 투자자유화를 원칙으로 하고 각국별 유보를 허용하는 MAI의 negative list 방식과는 달리 자유화할 분야를 양허안으로 내놓는 GATS에서와 같은 positive list 방식으로 접근하기로 하였는데, 그 대상도 MAI와는 달리 직접투자만 다루는 것으로 의견이 모아지고 있다. 또한 WTO의 접근은 개도국의 개발정책 수행을 위한 신축성(flexibility) 확보를 주요한 목표로 제시하고 있다.170)

해외 직접투자의 자유화를 위한 다자규범 논의는 무역과 투

---

170) 그러나 아직 다자간 투자규범에 회의적인 개도국과 시민단체들의 입장, WTO에서의 논의가 낮은 수준의 투자규범에 머물 것이라는 우려에서 WTO 논의에 소극적인 미국의 입장 등을 고려할 때 도하 각료회의 결정대로 2003년부터 다자간 투자규범 협상이 개시될 수 있을지는 의문이다.

자의 통합이라는 세계화의 핵심적 현상을 규율하기 위한 것으로서, 무역·노동·환경·개발·경쟁법·지적재산권·기업지배구조 등 국제경제의 제반 이슈가 모두 포함되는 만큼 그 과정이 복잡하고 각국별 이해가 첨예하게 대립될 수밖에 없다. 해외 직접투자의 확대를 도모하면서도 개별 국가들의 경제정책 주권이 존중되는 다자간 투자규범의 정립은 세계경제의 다음 단계로의 도약을 위한 디딤돌이 될 것이며, 이를 위한 국제사회의 노력은 계속될 것이다.

제 **4** 부

새로운 분야의 관리체제

21. OECD의 지속가능발전 정책방안

이 동 규

1983년 유엔은 제38차 유엔총회 결의를 통해 환경개발위원회(WCED : World Committee on Environment and Development)를 설립하고, 2000년까지 지속가능발전을 위한 장기전략 제시와 환경 문제에 대한 효율적 대처방법을 마련하도록 하였다. 위원장을 맡은 노르웨이 수상 G. Brundtland의 이름을 따서 브룬트란트 위원회로도 불린 환경개발위원회는 1987년 '우리 공동의 미래'라는 보고서를 발표하였는데, 이 보고서에서 '지속가능발전' 개념을 처음으로 제시하였다. 브룬트란트 위원회가 제시한 지속가능발전 개념은 '미래 세대의 필요를 저해하지 않으면서 현세대의 필요를 충족시키는 것'을 의미하였으며, 차츰 환경·경제·사회적 발전을 망라하는 포괄적인 개념으로 확대 발전되었다.

지속가능발전 이슈는 냉전체제 와해에 따라 새롭게 형성되고 있는 신세계질서에 있어 주요 현안으로 부상하였다. 1989년 유엔 총회는 지구환경질서 수립을 위한 기본원칙과 행동계획 채택을 목적으로 선진국과 개도국 정상이 참가하는 국제회의를 개최하기로 결정하였다. 이에 따라 1992년 6월 브라질

의 리우데자네이루에서 유엔 환경개발회의(UNCED)가 개최
되었다.171)

　유엔 환경개발회의는 <리우 선언(Rio Declaration)>과
함께 지속가능발전을 추구하기 위한 '의제 21(Agenda 21)'
을 채택하였다. 리우 선언은 '공통의 차별화된 책임의 원
칙,172)' '오염자 부담의 원칙,173)' '사전 예방적 접근법174)'
등 국제 환경법의 근간을 이루는 핵심 원칙들을 포함하고 있
는 지구환경 보호를 위한 대헌장이라고 할 수 있다. 의제 21
은 리우 선언의 구체적인 실천계획으로서 환경보전의 경제·
사회적 차원, 개발을 위한 자원의 보존 관리, 주요 그룹의 역

---

171) 환경 문제를 다루기 위한 최초의 세계적 회의는 1972년 6월 스톡홀
　　름에서 개최된 유엔 인간환경회의(United Nations Conference
　　on the Human Environment)였다. 유엔 인간환경회의 20주년을
　　맞이하여 개최된 UNCED는 환경 문제가 국제적 주요 이슈로 본격
　　적으로 논의되는 모멘텀이 되었다. UNCED 회의 10주년을 맞아
　　2002년 9월 남아공의 요하네스버그에서 지속가능발전 세계정상회의
　　(WSSD : World Summit on Sustainable Development)가 개
　　최되어 그간의 환경보존 성과를 점검하고 지속가능발전 체제 강화방
　　안을 협의하였다.
172) 공통의 차별화된 책임의 원칙(Principle of Common but
　　Differentiated Responsibility)은 환경보호를 위하여 선진국과 개
　　도국이 공통의 의무가 있으나, 그 이행에 있어 산업발전 과정에서 오
　　염 배출의 당사자이며 재정적인 능력이 있는 선진국이 더 많은 비용
　　을 부담해야 한다는 의미를 갖고 있다.
173) 오염자 부담의 원칙(Polluter Pays Principle)은 법원칙이라기보다
　　는 경제정책상의 원칙이라 할 수 있는데, 오염 발생의 책임이 있는
　　자가 오염 제거비용을 부담해야 함을 의미한다.
174) 사전 예방적 접근법(Precautionary Approach)이란 심각하거나 회
　　복이 불가능한 환경 피해 위험 가능성이 예상되는 경우 과학적 확실
　　성의 결여가 환경 악화 방지를 지연시키는 이유가 될 수 없다는 원
　　칙이다. 예컨데 지구온난화에 대한 확립된 과학적 이론이 미비하다는
　　이유로 지구온난화 방지를 위한 조치를 지연시킬 수 없다는 것이다.

할 강화 그리고 이행방안 등 세부사항을 담고 있다.

수많은 국제기구들이 환경 문제를 다루고 있는데, OECD도 오래전부터 환경을 주요 우선순위 사업 분야의 하나로 취급해 오고 있다.[175] OECD는 회원국간 환경 문제에 대한 의견교환, 지속가능발전 지원, 환경관리 정보교환을 목적으로 1970년 환경정책위원회(EPOC)를 설치하였다. 그리고 환경정책위원회는 경제와 환경정책, 농업과 환경정책, 무역과 환경, 화학물질관리와 같은 여러 가지 특별 주제를 다루기 위해 산하에 10여 개의 작업반을 설립해 왔다. 또한 OECD는 매 2년마다 회원국 환경각료들이 참석하는 각료회의를 개최하여 OECD의 환경 관련 정책결정과 정책방향을 수립하고 있다. OECD의 환경 논의는 환경 보존 자체를 직접 논의대상으로 한다기보다 환경과 관련된 경제정책을 대상으로 한다. 이른바 환경에 대한 경제적 접근법이라고 할 수 있는데, 환경 훼손이 주로 경제 및 산업활동에 의해 야기된다는 점을 감안할 때 매우 유용한 방법이라고 할 수 있다. 실제로 사전 예방과 환경 보전에 대한 장애 제거, 자연 보전행위에 대한 보조금 활용과 세제상 불이익 제거, 지속 가능한 생산과 소비 패턴으로의 전환, 시장원리에 입각한 정책수단(market-based instrument)의 확대 등 환경 보전과 경제적 수단을 결합시키려는 정책개발 작업이 활발하게 진행되고 있다.

한편 OECD는 환경 논의과정에서 지속가능발전을 핵심 개념으로 삼고 있다.[176] 1998년 OECD 각료이사회는 21세기

---

175) 환경 문제를 가장 포괄적으로 다루는 국제기구는 1972년 창설된 유엔 환경계획(UNEP)이며, IMO · WMO · IUCN · WWF 등 수많은 국제기구들이 해당 기구와 관련된 환경문제를 다루고 있다.

주요 정책과제로서 '지속가능한 발전'을 촉진하기 위한 구체적인 방안을 검토하기로 결정하였다. 이에 따라 지속가능발전에 관한 분야별 분석과 정책지침을 담은 '지속가능발전 증진을 위한 정책'이라는 종합 보고서를 작성하기로 하였다.

지속가능발전 보고서 작성 과정에서 회원국들이 강조한 사항을 보면 OECD가 환경 이슈를 어떻게 접근하고 있는지를 잘 알 수 있다. 첫째, 회원국들은 지속가능발전의 3대 측면(경제, 환경, 사회)에 대한 균형 잡힌 고려가 필요하다고 지적하였다. 이는 그간 지속가능발전의 개념 이해가 경제발전과 환경보존을 중심으로 이루어졌으나, 이제는 사회적 측면에까지 확장되고 있음을 의미한다. 둘째, 환경정책을 추구하는 데 있어 경제적 수단을 활용하는 방안이 강조되었다. 이는 환경정책위가 설립된 이래 추구되어 온 경제정책과 환경정책의 통합노력에 대한 지지의 재확인이라고 하겠다. 셋째, 지속가능발전에 있어 국제 협력을 강조하였다. 환경보호를 위한 제반 정책의 실효성을 확보하기 위해서는 회원국간 정책 조율이 필요하다는 지적이다.

2년여에 걸친 작업 끝에 2001년 4월 발간된 OECD 환경정책 보고서는 먼저 지속가능발전의 주요 도전 요인과 정책 추진에 있어서의 문제점을 분석하고 있다. 보고서는 그간 지속개발에 대한 논의가 많았지만 실제 이행이 저조하였다고 평가하고, 이행상 문제점과 장애 요인을 분석하여 보다 효율적인 정책의 틀을 마련할 필요가 있다고 주장하고 있다. 또한

---

176) OECD는 지속가능발전을 수평협력, 즉 여러 부서가 협력해야 할 과제의 한 이슈로 채택하여 환경 보호를 위한 다층면 접근(multi-disciplinary approach)을 시도하고 있다.

현재 우리가 당면한 주요 환경 문제로서 인구, 에너지, 기후 변화, 천연자원관리 분야를 예시하고 있다. 이러한 분석을 바탕으로 정책보고서는 지속가능발전을 위한 구체적인 정책을 여섯 가지 측면에서 권고하였다.

첫째, 지속가능발전을 위한 시장의 활용을 권고하였다. 시장의 경제활동 주체들에게 올바른 신호를 주기 위해 환경세, 배출권 거래제를 도입하여 시장가격이 환경적인 고려를 반영하도록 해야 한다는 것이다. 둘째, 정책 결정과정에서 농업, 에너지, 교통 등 분야별 정책의 통합 개선과 부처간 업무 협조 노력 필요성을 강조하고 있으며, 정책 결정과정에 시민사회의 참여를 중시하였다. 셋째, 과학과 기술의 활용에 대하여 설명하고 있는데, 자원 이용의 효율성 제고를 위한 연구와 혁신의 중요성을 강조하고, 각국 정부가 기술 개발과 이용자들에게 적절한 신호를 줄 수 있는 정책환경을 조성하도록 권고하고 있다.

넷째, 국제적 차원에서 제반 경제정책을 조화시켜야 할 필요성을 강조하였다. 구체적으로는 무역, 투자, 환경 및 사회정책의 상호 연계를 통해 지속가능발전을 추구하고, 개도국에 대해 환경 보호와 사회 발전을 위한 기회와 능력을 제공할 것을 권고하였다. 다섯째, 지속가능발전의 주요 도전 중의 하나로 기후 변화에 대한 대처 필요성을 지적하고 있으며, 온실가스 배출권 거래제와 같은 시장 메커니즘에 기초한 조치의 도입을 요구하였다. 끝으로 천연자원 관리방안을 언급하면서 천연자원에 대한 소유권 확립의 필요성을 강조하고 있다.

2001년 5월 개최된 각료이사회는 이 보고서가 경제, 환경,

사회적 목표들을 적절히 통합함으로써 훌륭한 정책의 틀을 마련하였다고 평가하고, 보고서에서 권고된 여섯 가지 사항을 승인하였다. 이에 따라 OECD 환경정책 보고서는 회원국들이 경제, 환경 및 사회 분야별로 지속가능한 발전을 추진하는 데 있어 구체적인 지침역할을 할 수 있게 되었다.

환경 분야에 있어 또 하나의 중요한 OECD 작업의 하나가 지표 개발이다. OECD는 3가지 지표 개발사업을 진행시켜 왔는데, 환경지표와 지속가능발전 동료검토 지표, 그리고 연계차단 지표이다. 환경지표는 CO^2의 배출, 수자원 관리, 에너지 사용 등 10개 주요 환경 분야에 대한 회원국들의 상태를 보여주는 지표로서 2001년 5월 채택되어 환경평가에 사용되고 있다.

지속가능발전 동료검토[177] 지표는 OECD 회원국들이 추진하는 지속가능발전 전략의 효과성을 평가하는 기준인데, 2001년 각료이사회가 지속가능발전의 진전을 측정하는 지표를 개발하기로 결의함으로써 논의가 본격화되었다. OECD는 이 지표를 경제검토 과정[178]에서 사용함으로써 회원국들의 동료압력 수단으로 활용할 예정이다. OECD는 최근 2002년부터 2004년 5월까지 경제검토 과정에서 사용될 온실가스, 대기오염, 수질오염, 천연자원, 개도국의 생활수준, 연금소득,

---

177) 동료검토(peer review)란 일반적으로 강제적 구속력이 약한 OECD의 규범을 준수하도록 유도하는 수단으로 회원국 정책에 대해 다른 회원국들이 토론하는 과정에서 평가와 비판을 통해 규범의 이행을 촉구하는 과정이다. 이러한 평가나 비판을 통한 유도를 '동료간 압력(peer pressure)'이라고 한다.

178) OECD의 경제검토위원회(EDRC)는 각 회원국 경제에 대해 약 18개월을 주기로 종합적인 검토를 실시한다.

폐기물 관리 분야를 대상으로 한 평가지표에 합의하였다.

다음으로 OECD는 경제성장으로부터 발생하는 환경에 대한 압력을 차단하는 정도를 측정하는 이른바 '연계차단 지표(decoupling indicators)'[179]를 개발중이다. 이는 경제발전과 환경 훼손 간의 연관성을 나타내는 것으로 구체적으로는 경제성장과 무연 휘발유의 사용 정도, 냉매로 사용되는 프레온 가스의 사용 정도, GDP 대비 사용되는 에너지 집약도 등을 측정하는 것이다. 연계차단 지표도 회원국들의 경제 검토 과정에서 지속가능발전 성과 평가에 활용될 계획이다.

이러한 지표개발 사업은 OECD 회원국간 지속가능발전의 이행 정도를 순위로 평가하기 위한 것은 아니며, 국가별로 서로 다른 분야를 선정하여 이행 정도를 평가하면서 이행을 독려하고 향후 정책 이행의 효과를 제고하기 위한 목적을 갖고 있다. 개발된 지표는 환경성과 평가의 기준으로 활용됨으로써 지속가능발전의 실천 지향성을 확보하는 데 유용한 도구가 될 것이다.

우리는 오랫동안 지구는 생명체의 활동 결과로서 발생하는 오염물질을 스스로 정화할 수 있는 능력이 있다고 믿어 왔다. 그러나 산업혁명 이후 이러한 가설은 더이상 유용하지 않다는 결론에 이르게 되었다. 우리가 경제활동 과정에서 환경에 대해 충분히 고려를 하지 않는다면 지구는 더이상 인간이 생존할 수 없는 공간이 될 수도 있다. 환경 보호는 인류에게 이제 선택의 문제가 아닌 필수적인 문제가 되었다. 21세기에 있어

---

179) 연계차단이라 환경적 악(environmental bads)과 경제적 선(economic goods) 간의 관계를 단절시키는 것을 말한다.

선진국과 후진국을 막론하고 경제 및 사회정책에서 '환경적 지속가능성'은 경제적 효율성과 함께 의사결정의 중심 지주가 되어야 할 것이다.

22. 기후변화협약

박 흥 경

기후변화협약은 지구온난화를 방지할 목적으로 1992년 채택되어 1994년 발효되었으며, 1997년에는 이 협약의 이행을 위한 교토 의정서가 채택되었다. 기후변화협약과 교토 의정서는 기후 변화의 원인 및 영향에 대한 과학적 불확실성이 완전히 해소되지 않은 상황에서 인류에 대한 심각한 위협인 지구온난화를 방지하기 위해 국제적인 온실가스 감축 노력을 단계적으로 강화하고 있다는 면에서 국제환경규범의 일반적인 특징을 반영하고 있다.

1896년 스웨덴의 화학자 Svante Arrhenius는 대기 중의 이산화탄소와 메탄 등 온실가스가 지구 표면에서 반사되어 우주로 방출되는 태양의 복사 에너지를 흡수함으로써 지구를 데우는 온실효과(greenhouse effect)의 기본 메커니즘을 설명하였다. 그에 의하면 자연적인 온실효과는 지구의 평균기온을 섭씨 15도 가량 상승시켜 지구상에 생명체를 존속토록 해왔는데, 인류가 화석연료 연소를 통해 이산화탄소를 대량 배출하여 추가적으로 인위적인 온실효과를 가져왔다는 것이다. 이러한 인위적인 온실효과를 '지구온난화(global warming)'라고 부른다.

Arrhenius 이후 지구온난화에 대한 연구가 계속되었고, 특히 1988년 유엔환경계획(UNEP)과 세계기상기구(WMO)가 설립한 '기후 변화에 관한 정부간 협의기구(IPCC : Intergovernmental Panel on Climate Change)'에 의해 체계적인 연구가 진행되고 있다. 100개국 2,000여 명의 과학자들이 참여하고 있는 IPCC의 과학적 연구결과에 따르면 1860년부터 1990년간 대기 중 온실가스의 농도 증가로 인하여 지구표면 평균온도는 섭씨 0.3~0.6도 상승하였고 해수면도 10~25센티미터 상승하였으며, 2100년경에는 지구 표면 평균온도는 1990년과 비교하여 1.4~5.8도 높아지고 해수면은 최대 88센티미터 상승할 것으로 전망되고 있다. 이러한 지구온난화의 영향으로 가뭄·홍수 등 기상 이변, 해수면 상승에 따른 해안지대 및 저지 도서국 침수, 생태계 혼란, 사막화 심화 등이 현재 발생하고 있고 앞으로는 더욱 심각해질 것으로 예상된다.

기후변화협약은 IPCC의 연구결과를 토대로 1991년부터 개최된 정부간 협상위원회의 논의를 거쳐 1992년 브라질의 리우데자네이루에서 개최된 유엔환경개발회의(United Nations Conference on Environment and Development)에서 서명이 개방되었다. 이 협약의 핵심 내용은 협약 부속서 1 국가(1992년 당시 OECD 회원국 및 동구권 국가)가 2000년까지 온실가스 배출량을 1990년 수준으로 감축하도록 노력하고, 부속서 2 국가(1992년 당시 OECD 회원국)는 개도국의 기후변화적응비용 부담을 지원하여야 한다는 것이다.

 기후변화협약은 다른 국제환경규범과 공통되는 몇 가지 원칙을 천명하고 있는데, (1)공통되지만 차별적인 책임, (2)개도국의 특수한 사정 배려, (3)예방적 조치의 실시, (4)지속가능한 발전 증진 등이 그것이다.180) 첫째, '공통되지만 차별적인 책임(common but differentiated responsibilities)'은 지구온난화를 초래하는 인위적인 온실가스 배출이 대부분 선진국의 산업화 과정에서 발생되었다는 점을 반영하고 있으며, 이 원칙에 따라 선진국이 우선 온실가스 배출량을 감축하도록 하였다. 둘째, 기후 변화의 영향에 취약한 개도국의 특수한 사정을 고려하여 선진국이 개도국의 기후 변화 적응을 지원하도록 하였다. 셋째, 예방적 조치의 실시 원칙은 기후 변화에 대해 과학적으로 증명할 수 없다 하더라도 돌이킬 수 없는 피해 위험이 도사리고 있다는 점을 감안하여 기후 변화의 발생 원인을 최소화하고 부정적인 영향을 완화시키는 조치를 취하여야 한다는 내용이다. 넷째, '지속가능한 발전(sustainable development)'의 원칙이다. 지속가능한 발전은 1987년 세계환경개발위원회의 보고서에서 처음 사용된 용어로서 "미래 세대의 필요성 충족 능력을 훼손시키지 않으면서 현재 세대의 필요를 충족시키는 발전(development that meets the needs of the present without compromising the

---

180) 오윤경 외(2000), ≪21세기 현대 국제법 질서≫, 박영사, 제5장 국제환경법(pp541~547)에서 국제환경법의 원칙으로 위의 네 가지 원칙 이외에 자연자원에 대한 주권적 권리와 다른 국가의 환경에 피해를 주지 아니할 의무, 국제 협력의 원칙, 환경비용의 오염자 부담 원칙 등을 자세히 설명하고 있다.

ability of future generations to meet their own needs)"으로 정의되며, 기후 변화에 대한 적응조치에 있어서도 지속가능한 발전을 고려하도록 규정되었다.

국제환경규범은 대체로 지침(guideline) 또는 실천계획(action plan)에서 출발하여 기본 협약을 거쳐 의정서(protocol)로 법적 구속력을 점차 강화시키는데, 기후변화협약이 이러한 과정을 따르고 있다. 1995년 기후변화협약 제1차 당사국총회에서는 협약상의 공약만으로는 기후 변화를 방지할 수 없다는 인식하에 의정서 또는 기타 법적 문서를 채택하여 2000년 이후의 온실가스 배출제한 문제를 논의하는 협상을 개시하기로 결정하였고, 1995~1997년간의 협상을 거쳐 1997년 제3차 당사국총회에서 교토의정서를 채택하였다.

교토 의정서는 제1차 공약기간(2008~2012년)중 부속서 1국가가 온실가스[181] 배출량을 1990년 대비 평균 5% 이상 감축하는 의무를 부담하도록 규정하였다. 이어 2001년 제7차 당사국총회에서는 교토 의정서상 의무 불이행의 결정 및 처리에 관한 의무준수 체제를 포함한 교토 의정서의 이행규칙을 채택하였고, 교토 의정서 발효 이후 개최되는 당사국총회에서는 이러한 이행규칙을 최종 확정할 예정이다.[182]

---

181) 교토 의정서상 6개 온실가스는 이산화탄소(CO_2), 메탄(CH_4), 아산화질소(N_2O), 수소불화탄소(HFCs), 과불화탄소(PFCs), 육불화황(SF_6)이며, 오존층 파괴 물질에 관한 몬트리올 의정서에서 규제하고 있는 프레온가스(CFC), 염화불화탄화수소(HCFC), 할론은 제외되었다.

182) 오윤경 외(2000), ≪21세기 현대 국제법 질서≫, 제6장 지구온난화를 위한 국제레짐(pp 573~594)에서 기후변화협약 및 교토 의정서에 대한 세부적인 설명과 분석을 하고 있다.

한편, 기후변화협약 체계에서 예정하고 있는 온실가스 배출 감축은 각국의 산업 및 국민생활 전반에 심대한 영향을 미친다는 점에서 이행비용을 완화해야 할 필요성이 대두된다. 교토의정서는 선진국에 온실가스 감축 의무를 부과하는 한편, 이러한 감축 의무를 이행하는 비용을 완화하는 공동이행(Joint Implementation), 배출권 거래제(Emission Trading), 청정개발 체제(Clean Development Mechanism) 및 버블제도를 도입하였다. 공동이행과 청정개발 체제는 어느 당사국이 다른 당사국에서 온실가스 감축사업을 수행하여 온실가스 배출 감축분에 대한 크레디트를 얻는 제도이며, 배출권 거래제는 국가별로 할당된 배출량을 근거로 감축분에 대한 크레디트를 거래하는 것이다. 버블제도는 EU와 같이 특정 국가그룹 내에서 합의된 감축목표를 준수한다는 조건하에서 소속 국가간에 자유로이 감축목표를 조정할 수 있도록 허용하는 제도이다.

감축비용 완화를 위한 신축성 체제(flexibility mechanism)와 관련하여 한 가지를 추가한다면, 교토 의정서는 제1차 공약기간 이후 후속 공약기간에 있어 감축의무 주체를 부속서 1국가에서 다른 국가로 단계적으로 확대하는 제도를 이미 예정하고 있고, 제1차 공약기간중 온실가스 감축의무를 부담하고 있지 않는 개도국이 그 확대 대상이 될 것이라는 점이다. 특히 우리나라는 OECD 회원국인 동시에 1999년 기준으로 이산화탄소 총배출량이 세계 10위권이고, 1인당 배출량도 세계 30위에 이르고 있어서 선진국들은 OECD 각료회의 및 기후변화협약 당사국총회 등을 통하여 우리나라의 온실가스 감축노력에 대한 동참을 촉구하고 있다. 이러한 점에 비추어 볼 때 우리나라는 2005년에 개시되는 제2차 공약기간에 대한 감축의무 협상 대상에 포함될 것이 확실시되고 있다. 그러나 우리나라는 1990~2000년간 온실가스 배출량 증가율이 62.5%에 달하여 2008~2012년간의 제1차 공약기간까지 평균 5% 이상 감축의무를 부과하는 교토 의정서상의 감축방식에 참여하기는 곤란한 실정이다.

2001년 말 제7차 당사국총회에서 교토 의정서의 이행규칙에 대한 마라케시 합의(Marrakesh Accords) 이후 2002년 7월 현재 EU, 일본 등 74개국이 비준함으로써 교토 의정서가 조만간 발효될 것으로 예상된다. 그간 기후변화협약 이행협상에 적극 참여해 온 우리나라도 기후 변화에 대응하려는 국제적인 노력에 동참하기 위하여 국내 비준절차를 진행하고 있다. 따라서 우리의 선택은 기후변화협약과 교토 의정서에 대한 참여 여부가 아니라 온실가스 감축 참여협상에 대한 대응 문제로 제한될 수밖에 없게 되었다. 이제 우리나라가 지속적인 경제발전을 확보하면서 국제적인 온실가스 감축 노력에 동참할 수 있는 방안을 신중하게 모색해 나갈 때이다.

23. 부패방지

서 상 표

부패는 인류 역사에 있어서 가장 오래된 사회문제의 하나이며, 이를 퇴치하기 위한 노력도 계속적으로 진행되어 왔다. 이러한 부패가 최근에 국제사회의 관심사로 떠오르게 된 것은 세계화의 영향이라고 할 수 있다. 과거에는 부패 문제를 국내 문제로 인식하였으며, 이에 대한 다른 나라의 문제제기는 내정간섭으로 간주되는 경향이 있었다. 그러나 국가간 무역거래 및 교류의 급격한 증가로 사회의 여러 활동들이 범세계적으로 확산됨에 따라 부패도 국경을 넘어서는 문제로 대두되게 되었다. 특히 오늘날의 개방화·자유화된 국제금융 시스템을 통하여 연간 1조 달러 이상의 검은 돈(dirty money)이 거래되고 있다는 사실은[183] 부패가 더이상 한 국가의 영토내에서만 이루어지는 사안이 아님을 잘 보여 주고 있다.

부패가 한 국가나 국제사회에 끼치는 악영향은 매우 심각하

---

[183] Draft United Nations Manual on Anti-Corruption Policy(Vienna, June 2001)의 Part 1(Types, Causes and Effects of Corruption)에서 참조하였다. 이 내용은 미국 의회보고서에 나타나 있는데, dirty money의 출처(부패, 조직범죄, 마약, 조세 회피 등)에 대해서는 자세히 기록되어 있지 않다.

다. 부패는 공정하고 정직하게 행동하려는 사람을 좌절하게 하며 법의 지배에 대한 신뢰를 약화시켜 사회를 병들게 한다. 또한 부패는 전세계적으로 공정한 경쟁을 제한함으로써 국제무역과 투자의 원활한 흐름을 막고 있으며, 자원의 합리적인 배분을 왜곡시켜 국가의 경제발전을 저해하며 범세계적인 빈곤퇴치 노력을 무력화시킨다. 아프리카 경우에 경제개발에 사용되어야 할 외국의 원조 300억 불 상당이 은행계좌에서 사라지는 일이 발생하기도 하였는데, 이는 케냐, 우간다, 가나의 연간 GDP를 합한 수치의 2배에 해당한다.184) 이와 같이 부패는 세계적 차원에서 복지를 감소시키므로, 최근 국제사회에서 시급히 규제되어야 할 대상이 되고 있다.

국제사회에서 부패방지를 위한 노력은 크게 두 가지 흐름으로 나타나고 있다. 하나는 OECD를 비롯하여 UN, EU 등 국제기구와 지역 협력체를 중심으로 국가간 구속력 있는 규범을 제정하여 부패를 규제해 나가려는 움직이다. 이에는 세계적인 차원의 규범으로서 '국제상거래에 있어서 외국공무원에 대한 뇌물제공행위 방지를 위한 협약(Convention on Combating Bribery of Foreign Public Officials in International Business Transactions : 이하 OECD 뇌물방지협약)'과 현재 추진중에 있는 UN 반부패협약(UN Convention against Corruption)이 있으며, 지역적 차원의 규범으로는 유럽 이사회의 반부패 형법협약(Criminal Law Convention on Corruption Council of Europe

---

184) P.E. Pedersen, 1996, "The Search for the Smoking Gun," Euromoney(September):49의 수록내용이다. ADB < Anticorruption Policy>(1998)에서 재인용하였다.

),185) 반부패 미주협약(Inter-American Convention against Corruption)186) 등이 있다. 특히 1999년 5월에 유럽국가를 중심으로 설립된 반부패 국가그룹(GRECO: Group of Sates against Corruption)은 회원국의 반부패 능력배양을 위해 국별평가 등을 시행하고 있다.187)

또 하나의 국제적인 흐름은 국제투명성기구(TI: Transparency International)188) 등 시민단체, 국제기구 및 각 국정부 들이 모여서 국제적인 포럼, 세미나 등을 개최함으로써 반부패에 대한 국제사회의 인식을 높이려는 노력이다. 대표적인 국제회의로는 반부패 세계포럼(Global Forum on Fighting Corruption: Safeguarding Integrity among Justice and Security Officials)과 국제반부패회의(IACC: International Anti-Corruption Conference)가 있다.

지금까지의 국제사회 반부패 노력중에 가장 큰 결실을 본

---

185) 유럽 이사회에 의해 1998년 11월 채택되었으며, 협약은 공무원(국내 및 외국), 국회의원, 국제기구 종사자에 대한 뇌물제공뿐아니라 민간간 뇌물제공을 처벌대상으로 하고 있으며, 그밖에 부패자금 세탁, 회계 부정도 처벌토록 규정하고 있다.

186) 미주기구(OAS : Organization of American States)에 의해 작성된 협약으로 1997년 3월 발효하였다. 이 협약은 공직자의 금품수수 등 뇌물수수 행위 및 불법적인 자산 취득을 처벌대상 부패로 규정하고 있다.

187) 2001년 말 현재 회원국은 독일, 프랑스, 불가리아, 핀란드, 미국 등 총 31개국에 이르고 있다.

188) TI는 독일 국내법에 의해 1993년 설립된 비영리 민간단체로 세계적 차원에서의 부패방지를 목적으로 설립되어 현재 80여 개 국에 지부를 두고 있다. 1995년부터 매년 국가별 부패지수 (CPI: Corruption Perceptions Index)를 발표하고 있으며, 우리나라는 1999년도에는 99개국 중 50위, 2000년도에는 90개국 중 48위, 2001년도에는 91개국 중 42위를 기록하였다.

것은 1999년 2월 발효한 'OECD 뇌물방지협약'이라 하겠다. OECD 협약은 현재 유일한 세계적 차원의 반부패협약이며, 다른 협약과는 달리 협약 이행의 수준이 상당히 높다. 이 협약은 1994년 10월 설치된 국제상거래 뇌물방지 실무그룹(Working Group on Bribery in International Business Transaction)에서 다년간의 작업을 통해 작성되었으며, 1999년 2월에 발효되었다.[189] OECD 뇌물방지협약의 처벌대상은 외국 공무원에 대한 뇌물제공 행위이며, 뇌물을 제공한 개인뿐만 아니라 이를 지시한 회사도 처벌대상으로 규정하고 있다. 또한, 뇌물로 발생한 이익에 대한 몰수를 규정하고 있으며, 뇌물제공자 인도에 대한 국가간 사법공조도 포함하고 있다. 이러한 OECD 협약이 추진된 배경에는 외국 공무원에 대한 뇌물제공을 규제하는 '해외부패관행법(Foreign Corrupt Practice Act, 1977)'을 가지고 있는 미국의 역할이 컸다. 미국은 해외의 부패 관행 때문에 자국 기업이 국제입찰에서 타국의 기업보다 상대적으로 불리한 입장에 있다고 보고, OECD 뇌물방지협약을 적극 추진하였다.

OECD 협약은 잘 정비된 협약 이행 심사절차를 보유하고 있다. 심사는 회원국의 국내 협약 이행법이 협약내용을 잘 반영하고 있는지 심사하는 1단계 심사와 협약의 실제 국내 적용 실태를 심사하는 2단계 심사로 나누어져 있다. 2002년 6월까지 35개 뇌물방지 실무그룹 가입국 중 우리나라를 비롯한

---

189) 뇌물방지 실무그룹에는 30개 OECD 회원국 및 비회원국인 아르헨티나, 브라질, 칠레, 불가리아, 슬로베니아 등 총 35개국이 가입하고 있다. 2001년 말 현재 뇌물방지 실무 그룹 가입국 중 슬로베니아를 제외한 34개국이 OECD 뇌물방지협약을 비준하였다.

31개국이 1단계 심사를 수검하였으며, 2단계 심사는 2001년 11월에 핀란드를 첫번째 대상으로 시작되었다. 1999년 2월에 발효한 협약이 이처럼 빠른 속도로 이행되고 있는 것은 국제사회의 규범 제정과정에서 유례가 거의 없는 일이라고 하겠다. 한편, OECD는 협약을 세계적으로 확산시킬 목적으로 아시아개발은행(ADB)과 공동주관으로 아·태지역에서 공무원, 민간인, 국제기구 대표가 참가하는 반부패회의를 매년 개최해 오고 있다. 이 회의는 1999년 시작되었는데, 2000년 12월 서울에서 제2차 회의가 개최된 바 있다.

반부패 분야에서 최근 국제사회에서 관심의 대상이 되고 있는 것은 유엔 반부패협약 체결 문제이다. 유엔은 2000년 10월 제55차 총회에서 반부패 조항을 일부 포함한 국제 조직범죄협약(Convention against Transnational Organized Crime)190)을 채택하였으며, 이어 반부패협약의 체결을 추진해 오고 있다. 유엔 반부패협약안은 처벌대상 부패가 포괄적으로 기술되어 있어, 처벌대상이 공직자에 대한 뇌물제공에 한하고 있는 OECD 뇌물방지협약에 비하여 그 의미가 크다고 하겠다. 현재 총 70여 개 조항으로 구성되어 있는 협약안은 공공 및 민간분야에서의 부패방지, 공무원 행동강령, 정당의 자금조달, 자금세탁 방지, 불법부패자금 환수, 반부패 능력 배양을 위한 기술 지원, 협약의 이행 심사 등을 포함하고 있다. 유엔은 2003년까지 반부패협약안을 완성하는 것을 목표로 작업하고 있다.

---

190) 유엔 국제조직범죄협약은 조직범죄, 자금세탁, 부패, 사법 방해 (obstruction of justice)를 규제대상으로 하고 있다.

반부패 국제회의 중에서 국제사회에 가장 잘 알려진 것은 1983년 이래 매 2년마다 개최되고 있는 국제 반부패회의이다. 이 회의는 현재 국제 투명성기구가 주도하고 있으며, 시민단체, 민간학자, 각국 공무원, 국제기구 대표자가 참석하여 부패방지를 위한 정보교환과 부패방지 전략개발에 대해서 논의하고 있다. 우리나라는 지난 1999년 남아공 더반 시에서 열린 제9차 회의부터 참여하였으며, 제10차 회의는 2001년 10월 체코 프라하에서 개최되었다.

국제 반부패회의가 민간이 주도하는 회의인 데 반해 반부패세계포럼은 정부 중심의 반부패회의이다. 반부패세계포럼은 사법 및 경찰 공무원의 부패 척결 및 청렴성 제고를 목적으로 1999년 미국의 앨 고어 당시 부통령에 의해 추진되었다. 1999년 워싱턴에서 개최된 창립 포럼에는 법집행기관 공무원이 주로 참석하였는데, 2001년 5월 헤이그에서 개최된 제2차 포럼에는 일반 공무원, 시민단체, 전문가 및 언론에서도 다수 참가하였다. 우리나라는 2003년 5월에 제11차 국제 반부패회의와 제3차 반부패 세계포럼을 서울에서 개최할 예정이다.

일반적으로 부패는 공공 또는 민간분야에서 개인의 영리를 추구하기 위하여 지위를 남용하는 것으로 국제사회에 인식되고 있다.[191] 그러나 다양한 문화적 배경을 가진 국가로 구성

---

191) 아시아개발은행(ADB) 발간 brochure ≪anticorruption≫ 참조
    "ADB defines corruption as the abuse of public or private office for personal gain. This means any behavior in which people in the public or private sectors improperly and unlawfully enrich themselves or those close to them, or induce others to do so, by misusing their position."

된 국제사회에서 통일된 기준으로 부패에 대처하기는 쉽지 않다. 따라서 부패방지를 위한 국제적 노력은 가장 보편적인 부패를 대상으로 이루어져 왔는데, 공직자에 대한 뇌물제공 행위를 규제하는 OECD 협약이 그 일례라고 할 수 있다. 한편, UN에서는 뇌물, 횡령, 사기, 강탈(extortion), 내부자거래, 불법적인 사례(unlawful gratuity), 정실주의(favouritism), 자금세탁, 불법 정치헌금 등 좀더 광범위한 부패에 대해 대처하고자 노력을 기울이고 있다.[192]

현 국제경제 체제의 원활한 작동을 위해서는 획기적으로 증대된 국제무역 및 금융거래의 안정적 관리, 원조 및 개발협력을 통한 빈곤 퇴치 노력이 필요하다. 그런데 부패는 이러한 국제적 노력을 무산시켜 국제경제 체제를 불안정하게 하는 요인이 되고 있어, 국제사회는 부패 퇴치에 노력을 기울이고 있다. 이처럼 반부패에 대한 국제적 인식이 높아짐에 따라 향후에는 반부패 작업대상도 공공분야에서 민간분야까지 확대가 예상되는 등 국제사회의 반부패 노력이 강화될 것으로 보인다. 따라서 우리나라는 지금까지 반부패와 관련한 여러 국제회의들을 유치하는 등 국제적인 반부패 노력에 적극 동참해 왔지만, 앞으로도 국제사회의 반부패 작업 동향에 더욱 관심을 기울어야 할 것이다.

---

192) Draft United Nations Manual on Anti-Corruption Policy(Vienna, June 2001)의 Part 1(Types, Causes and Effects of Corruption)에서 참조

24. 공공부문 관리체제(Public Governance)

최 재 하

우리가 살고 있는 사회는 국가(공공부문), 시장, 시민사회의 세 가지 영역으로 구분할 수 있다. 공공부문은 주로 관료조직으로 이루어져 있으며, 다수결의 원리에 의하여 사회질서를 유지하고 사회적 갈등을 조정하기 위한 각종 법률과 규칙을 만드는데, 대표적인 조직이 바로 정부이다. 공공부문 외는 민간부문인데, 민간부문은 일차적인 생활공동체인 가족을 제외하면, 기업이 주체가 되어 상품을 생산·교환하는 시장과 다양한 사회집단들이 자율성을 원칙으로 서로 갈등하고 협력하면서 공동이익을 추구하는 시민사회로 나눌 수 있다.

그런데 우리가 현재 당연시하는 국가라는 개념은 1648년의 베스트팔렌(Westfalen) 조약[193]으로 유럽에 주권국가가 생겨나면서 비로소 생겨난 것이다. 이후 지난 수세기간 사회는

---

[193] 1648년 10월 24일 독일 30년 전쟁을 종결시킨 조약. 유럽 사상 최초의 국제회의로서 베스트팔렌 오스나브뤼크에서 조인되었다. 이 조약은 "신성 로마제국은 법을 제정할 수도 없고 세금을 징수할 수도 없으며, 군대도 모집할 수 없고, 전쟁선언도 어떠한 조약도 체결할 수 없다."고 규정하여 신성 로마제국을 해체시키고 유럽에 많은 주권국가들을 탄생시켰다.

국가(정부)라는 강제력을 지닌 집단에 의해 질서가 유지되어 왔다. 잘 짜여진 관료제를 바탕으로 정부는 공공부문에서의 확고한 행위주체였으며, 시장에도 개입하여 중상주의 시대에는 시장에 대한 국가의 영향력이 최고조로 달하였다. 그러나 아담 스미스 이후 확산된 자유주의 사상에 따라 시장에 대한 국가의 개입은 축소되었고, 이러한 경향은 1873년 이후 20여 년간 지속된 대불황기(the Age of the Great Depression)를 맞이하기까지 지속되었다. 이후 경제불황이 주기적으로 반복되면서 세계는 자유주의에 대한 신뢰를 잃어버리고 시장경제에 대한 국가개입주의로 급격히 회귀하였다. 그러나 케인스 거시경제론과 복지국가로 상징되는 이러한 국가개입주의는 누적적인 재정적자와 공공부채의 증가를 가져왔고, 두차례의 오일쇼크를 거쳐 1980년대 이후 영국의 대처주의, 미국의 레이거노믹스로 대표되는 신자유주의 물결에 자리를 내주게 되었다.

GATT에서 WTO로 이어지는 세계무역의 자유화 진전과 더불어 기업의 생산, 투자 및 판매활동이 국경을 초월하여 이루어지면서 오늘날 기업활동에 있어 국경의 의미는 많이 퇴색되었다. 시장이 국제적으로 통합되는 이러한 과정 속에서 국가의 핵심 요건인 국경이 자유로운 경제활동을 방해하는 천덕꾸러기로 전락하였으며, 국경을 허물고 자본·상품의 자유로운 이동을 보장하려는 여러 시도는 국가의 존립기반마저 흔들어 놓게 되었다. 세계적 규모로 커진 시장의 개별 국가에 대한 가공할 공세에 더하여 각국 정부는 공공 서비스에 대한 국민의 불만과 이에 따른 정부 불신, 정부 혁신 요구에 직면하게 된 것이다.

안팎으로 세찬 도전에 직면한 국가는 베스트팔렌 조약 이후의 영화를 뒤로 하고 역사의 뒤안길로 사라질 운명인가, 아니면 시대가 원하는 모습으로 재단장하여 화려하게 부활할 것인가? 국가가 사라지면 그 빈자리를 시장이 메꿀 것인가, 아니면 시민사회가 대신할 것인가? 현재로선 국가를 중심으로 한 국가·시장·시민사회 간의 역할 재정립 쪽에 논의의 무게가 실리는데, 이는 시장이나 시민사회가 아직 통치주체로서 국가를 대체하여 사회를 이끌고 나아가기에는 나름대로 많은 문제점이 있기 때문이다.194)

이상의 논의는 이른바 거버넌스(governance)에 대한 국제적 논의로 축약될 수 있다. 거버넌스란 그 개념정립이 아직 명확히 되어 있지 않으나, 세계화, 지방화, 기술의 급속한 발전, 시민사회의 영향력 증대, 다국적기업과 국제자본의 중요성 증대, 지방(local)·국가(state)·지역(region)단위 국정관리의 필요성 대두와 같은 새로운 상황하에서 시장 및 시민사회에 그간 국가가 담당해 온 역할을 넘기는 것을 포함하여 국가·시장·시민사회 간의 새로운 상호협력 관리체제를 의미한다.195)

OECD에서의 거버넌스에 대한 논의는 이른바 Good Gov-

---

194) 시장의 경우는 시장 실패, 즉 자유시장경제의 근본적 문제점인 빈부격차, 실업, 주기적 불황, 인플레를 스스로 해결해 낼 메커니즘을 갖추지 못했고, 시민사회도 통치의 전면 주자로 나서기에는 아직 조직화·성숙도가 덜 되어 있다고 본다.

195) 국가, 시장, 시민사회 중 governance의 주 행위자가 어딘가에 따라 국가 중심 governance, 시장 중심 governance, 시민사회 중심 governance로 나누기도 한다.

ernance를 중심으로 전개되고 있는데, Good Goverance를 달성하기 위해서는 시민 참여 등 민관협력이 필수적이며, 정보통신기술 진보에 따른 전자정부 구현, 성과관리 도입, 분권화, 정부조직 개편 등이 필요하다고 지적한다. 또한, 시장 분야 Good Governance 달성을 위해 기업지배구조 개선을 모색하고 있으며, 규제개혁도 중요한 논의대상이다.

우선 민관협력에 관한 논의를 살펴보면, 최근 논의는 정부의 역할을 종래의 계층제적 통제에 의한 일방적 통치(rule)로 보는 것이 아니라 분권화와 민영화, 시장화에 의하여 정부와 국민을 동반자 관계로 보고 국민의 복지 증진, 질서 유지를 위한 방향키 역할을 정부의 주된 임무로 인식하는 것이다.196) 이러한 체제하에서는 민간이 정부에 예속되어 있거나, 사회복지를 정부가 일방적으로 모두 떠맡는 방식에서 탈피하여 시민공동생산 체제, 복지역할 분담 등 정부와 민간의 관계가 새로운 동반자적 관계로 변할 필요가 있게 된다. 바람직한 민관협력의 양태를 모색하는 일이 새로운 조명을 받게 되는 것이다.

또한, 전자통신기술의 발달에 따라 공공부문 관리체제의 중요한 방식으로서 전자정부(E-government)가 중점 논의대상이 되고 있다. 전자정부는 국민과 기업에 대해 편리하고 질 높은 서비스를 제공하고197) 행정의 투명성과 생산성을 향상

---

196) ≪뉴 밀레니엄 행정학≫. p219, 김중규
197) 질높은 행정 서비스는 기관 시각에서가 아닌 시민 시각에서 제공되어야 하며, 단순 정보나 서식 제공 차원을 넘어서 여러 행정 서비스가 통합되어 전자적으로 처리될 때 효과가 나타난다. 이를 위해 각국은 Portal Web Site를 통해 서비스의 일괄 제공을 추진하고 있으나, 이러한 서비스 통합을 위해서는 기존 기관간 업무처리 방식의 혁신

시킬 뿐 아니라 시민 참여 확대로 민주성을 제고할 수 있는 중요 수단이라고 강조되고 있다. 각국은 주권자인 시민이 전자적 수단을 통해 정책결정 과정에 참여를 확대하는 전자 민주주의(E-Democracy)에 대해 높은 관심을 보이고 있다. 전자정부 도입에 따라 정부 운영도 정보가 공개되고 정책결정 과정에 많은 관계자들이 참여하는 분산·수평적 방식으로 변화될 것이며, 시민에 대한 시각도 서비스 제공 대상자(customer)가 아니라 의무와 권리를 갖춘 주체(citizen)로 바뀌어 나갈 것이다.

한편, 이러한 논의와 함께 보다 세부적으로는 인력자원개발(HRM), 분권화, 성과주의 예산제도 도입 등 정부의 인사·조직·예산에 대한 혁신 방안도 논의되고 있다. 구체적으로는 공직 경쟁력 강화, 부패방지, 공공부문 리더십개발, 공공부문의 성과관리,[198] 책임운영기관제도 도입 등 정부기능을 분권화하고,[199] 전통적인 예산과정의 절차적 경직성, 복잡성 극

이 필수적이다. 이처럼 전자정부 구현은 단순히 기술적인 문제가 아니라 서비스 중심의 프로세스 혁신 등 정부기관간 협력 및 조정이 핵심 사안이며 이를 위해서는 무엇보다도 강력한 리더십이 요구된다.

[198] 공공부문의 성과를 제고하기 위해서는 조직원 개개인의 성과를 향상시키는 동시에 개인 성과를 조직 성과에 연계시킬 수 있는 방안을 마련하는 것이 중요하며, 아울러 성과에 대한 다양한 정보를 수집·축적하여 이를 효율적으로 관리해 나가는 것이 필요하다. 이를 위해 성과 중심 예산제도를 도입, 예산편성, 집행의 전과정을 조직의 성과 향상에 집중시키는 방안도 논의되고 있다.

[199] 이러한 행정 권한의 분권화는 중앙 규제권한의 하위기관 이양이라는 측면에서 규제개혁의 일환으로 볼 수 있는데, 책임운영기관을 비롯한 공공행정의 분권화는 정부로 하여금 각급 기관의 자율성을 최대한 보장하여 보다 국민의 요구에 부합하는 행정 서비스를 제공할 수 있게 한다는 점에 초점이 있다.

복을 위한 장기예산편성(Budgeting for Longer Term Future) 도입을 예시할 수 있겠다.

현재 공공부문 관리체제에 대한 논의는 국가를 사회의 주요한 질서 형성자 및 유지자로 파악하는 국가 중심 거버넌스 이론을 중심으로 행해지고 있는데, 그 결과 거버넌스에 대한 논의의 상당 부분이 신공공관리론(new public management theory)200)과 내용면에서 일치하거나 유사한 면이 많다. 따라서 새로운 관리체제에 대한 논의의 한계점 역시 신공공관리론이 지니는 한계점과 같다고 볼 수 있다. 신공공관리론은 지리적으로 앵글로색슨계 국가를 중심으로 처음 발달했는데, 바다에 둘러싸여 강력한 상비군의 필요성이 덜했기 때문에 왕권이 프랑스 등 유럽 국가에 비해 약했던 영국과 절대왕정의 학정을 피해 이주한 사람들에 의해 엄격한 권력분립 원칙하에 세워진 미국의 특수한 상황을 반영한다. 따라서 이 이론은 강력한 왕권하에 중앙집권적 행정국가를 이룩한 국가에 적용시키기에는 여러 모로 무리가 따른다. 더구나 개발도상국에 있어서는 베버식 관료주의가 경제발전에 오히려 유용하다는 실증분석도 있다.201)

또한, 국가가 형평성 확립, 소득 재배분과 같은 사회적 책

---

200) 신공공관리론이란 공공조직구조와 관리에 있어서 일어나는 지속적이면서도 새로운 변화를 총칭하는 개념으로서 개방적이고 경쟁적인 시장경제 활성화와 복지 부문 감축, 규제 완화, 민영화 등 작은정부 추진의 두 가지 특징을 지닌다.

201) Evans와 Rauch(1999)는 35개 개발도상국을 대상으로 관료제와 경제성장과의 관계를 연구하였는데, 1970년에서 1990년 사이 경제성장률과 관료제 도입과는 긍정적 관계가 있는 것으로 분석되었다. (≪행정논총≫ 2000.6., p68, 서울대행정대학원)

무를 외면한 채 이윤 극대화에만 매달려 일개 기업으로 전락하거나 기업에 대한 적절한 통제를 포기, 거대 독점기업의 횡포를 방치하는 결과가 도래할 수도 있다. 수익자 부담의 원칙 등 시장원리의 도입으로 사회적 소외계층에 대한 행정 서비스가 축소 내지 배제되고 공공재의 생산이 사회적 필요 수준 이하로 떨어질 우려도 있다. 따라서 새로운 공공부문 관리체제를 모색하는 데 있어서는 그 사회의 역사와 문화, 시민들의 의식수준 등이 포괄적으로 검토되어야 할 것이다.

25. 정보격차 해소

이 형 종

세계 최초로 프로그램이 가능한 컴퓨터〔ENIAC〕가 완성된 것은 1946년이었다. 크기는 무려 높이 3미터, 폭 50미터에 이르렀는데 제작비로 수백만 달러가 들어갔고 초당 5000회의 연산을 처리할 수 있는 성능을 가지고 있었다. 오늘날 사용되는 펜티엄 PC는 1초당 4억 회 이상의 명령을 처리한다. 25년전 1메가바이트 용량의 반도체는 무려 55만 불이었으나 지금은 4불에 불과하다.

진정한 의미의 정보통신기술(ICT)은 정보처리 기기인 컴퓨터와 통신기기를 결합한 인터넷 네트웍킹을 통해 비로소 완성되었다. 그런데 인터넷 보급속도는 지금까지 나타난 어느 기술의 보급속도보다 빠르다. 라디오가 5000만 명에게 보급되기까지 38년이 걸렸고, TV는 13년이 걸렸다. PC는 처음 나온 때부터 5000만 명이 사용하기까지 16년이 걸렸으나, 인터넷은 공개되면서부터 5000만 명이 접속하기까지 불과 4년밖에 걸리지 않았다.

이러한 급속한 정보통신기술의 발달과 보급은 개인간, 가계간, 지역간 그리고 국가간의 정보통신에 대한 접근기회 및 인터넷 이용에서 차이를 유발하였는데, 이를 정보격차(digital divide)라고 한다. 즉, 디지털 정보 또는 기기에 접근하여 이를 활용하는 집단이 있는가 하면 그렇지 못한 집단이 존재하는 상황으로 정보격차를 정의할 수 있다. 좀더 크게 보면 정보격차는 개발격차의 일부이기도 하다.

1999년 아프리카 전체의 전화보급 대수는 1,400만 회선으로 이것은 맨해튼이나 도쿄가 보유한 숫자보다 적다. 1999년 UNDP 보고서에 따르면, 세계인구의 15%에 해당하는 선진국이 인터넷 이용자의 88%를 차지하고 있으며, 영국은 1500만 명이 인터넷 인구를 가진 반면, 아프리카는 대륙 전체를 통틀어 100만 명이 인터넷을 사용하고 있다고 한다. 전세계 인구의 20%에 못 미치는 OECD 국가들은 일반 전화의 2/3와 무선전화의 77%를 점유하고 있다. 이러한 선후진국 간 정보격차뿐 아니라 한 국가 내에서도 성별, 계층별, 지역별로 정보격차가 존재한다. 정보화의 선진국인 미국에서도 최근 5년간 정보격차는 오히려 확대되어 왔다고 한다. 미국에서 대학졸업자는 초등교육을 받은 사람보다 8배나 더 가정용 컴퓨터를 보유하고 있으며, 16배나 더 인터넷 접속을 하고 있다. 또한 도시 고소득 가정은 농촌이나 저소득 가정보다 20배나 더 인터넷 접속이 가능하다.[202]

컴퓨터나 인터넷 등 정보통신기기에 대한 접근가능성이 개인의 경제적 성공과 발전에 결정적인 역할을 하는 시대가 되었다. 정보격차로 인해 발생하는 문제점은 빈부격차를 확대시

---

[202] 미상무성 National Telecommunications and Information Administration 발간 보고서 "Falling Through the Net: Defining the Digital Divide", Part I.

킬 수 있다. 현대 선진국 경제의 특징은 지식을 기반으로 한 고부가가치 창출로서 이른바 지식기반경제(knowledge-based economy)라고 할 수 있는데, 지식기반경제는 컴퓨터와 정보통신기술에 대한 접근을 기본으로 하기 때문에 정보격차의 해소는 균형 있는 경제사회 발전의 핵심 문제가 되고 있다. 우리는 어떻게 디지털 기회에서 소외된 국가나 개인들에게 정보통신기술에 대한 접근을 가능케 하느냐의 인류 공동의 도전과 과제를 안고 있다고 하겠다.

국가간 정보격차 해소를 위한 노력은 G8, UN, APEC 등 정부간 국제기구뿐 아니라 NGO 차원에서도 이루어지고 있다. 먼저 G8 동향을 살펴보면, G8은 2000년 오키나와 정상회의에서 글로벌 경제발전의 중심인 정보통신 분야의 국가간 정보격차 해소를 위해 공동 노력을 수행키로 합의하고, 전세계적인 정보사회(Global Information Society) 구축과 이를 통한 정보 공유 및 개도국 정보기반산업의 균형적 발전을 위한 다각적인 접근방법에 대해 논의하였다. 이에 필요한 고위급 실무협상 팀을 결성하여 정보사회 구축을 계속 논의키로 하고, 이를 실천키 위해 DOT.Force(Digital Opportunity Task Force)를 구성했다. 그리고 DOT.Force는 2001년 제노아 정상회의에서 정보격차 해소를 위한 행동계획으로 접속 확대, 인적자원 개발, 인터넷 관련 국제적 정책 및 기술에 대한 보편적 참여 확대, 최빈국의 정보통신기술 발전계획 지원을 제시하였다.

UNDP는 G8과 다각적인 협력을 추진하는 한편, 아시아태평양 국가와 아프리카 국가의 인터넷망 확장을 위해 일본 정부와 협력하고 있으며, 민간기업과 합동으로 말레이시아, 에스토니아, 동티모르 등 개도국을 지원하고 있다. 아울러 세계보건기구, 세계은행 등 국제기구 그리고 시민단체들과도 정보격차 해소를 위한 폭넓은 공동사업을 벌이고 있다. 또한 UNDP는 APDIP(Asia-Pacific Development Information Programme)를 후원하여 아시아와 태평양 지역 42개국의 사회, 경제적 발전을 위한 정보통신기술 촉진을 지원하고 있다.

2000년 11월 브루나이에서 개최된 제8차 APEC 정상회의에서 19개 회원국 정상들은 정보통신 혁명의 혜택이 다수의 역내 주민들에게 보급되지 못하고 있음을 지적하고, 2010년까지 모든 회원국의 도시, 지방, 농촌지역의 주민들이 인터넷을 통해 제공되는 정보와 서비스에 접근할 수 있도록 관련 정책을 개발하고 이행할 것을 합의하였다. 이에 따라 1단계로 2005년까지 인터넷을 접속할 수 있는 역내 주민을 3배로 증가시킨다는 목표를 수립하였다. 한편, 2000년 10월 서울에서 개최된 제3차 아시아·유럽정상회의(ASEM)도 정보통신기술이 경제성장의 원동력이며 정보격차가 경제·사회의 불평등을 심화시킬 것이라는 데 인식을 같이하고, 전자상거래 지원체제 구축, 정보격차 해소사업 추진, 트랜스 유라시아 정보통신망 구축 등과 같은 신규 사업을 승인하였다.

여러 NGO들도 정보격차 해소에 기여하고 있는데 대표적 기구로 UNITeS, UNV, GKP, VITA, IIC를 손꼽을 수 있다. UNITeS(UN Information Technology Service)는 UNDP 산하 정보격차 해소를 위한 자발적 기구로서 전세계

개도국에 130여 개 사무소를 두고 활동하고 있다. UNV(UN Volunteer Programme)는 2000여 명의 자원봉사자를 확보하여 교육, 중소기업 운영, 환경, 의료, 인권 등에서 정보통신기술 활용 촉진사업을 추진하고 있다. GKP(Global Knowledge Partnership)는 1997년 캐나다에서 열린 'Global Knowledge 1997 Conference' 참석단체들에 의해 시작되었으며, 각국의 지식과 정보통신 분야의 지속적이고 동등한 발전을 위해 노력하고 있다. VITA(Volunteers in Technical Assistance)는 정보 지식기반을 제공하고 지역기구 강화와 기술 향상을 주도해 온 기구이며, IIC(Inter-national Institute of Communications)는 독립적인 비영리단체로 개도국들이 정보통신기술을 발전시킬 수 있도록 돕고 있다.

세계 각국 정부도 국내적 정보격차 해소를 위해서 노력하고 있다. 특히 OECD 국가들은 정보통신기술 활용 증진을 위하여 네트워크 인프라 구축, 교육 훈련 확대, 낙후지역 정보통신 사업지원, 정부 정보화 프로젝트 등을 추진중203)이다. 대부분의 OECD 국가들은 경쟁 증진을 통해 네트워크 확산을 도모해 왔으며, 이러한 경쟁정책은 매우 효과적이었던 것으로 평가되고 컴퓨터와 인터넷 보급에도 유용한 정책적 수단으로 기대되고 있다. 나아가 집단적으로 이용할 수 있는 학교, 도서관 등 공공 인터넷 시설의 확충은 단기적으로 효과적인 대응방안으로 고려되고 있다.

---

203) 2002년 OECD 발간 ≪OECD Information Technology Outlook 2002≫, PP 250-251.

그런데 정보격차 해소는 정보와 지식에 대한 접근을 제공하는 것으로 충분하지는 않다. 더 중요한 것은 적절한 교육을 통한 인적 능력을 향상시키는 작업이다. 특히 교사들의 정보통신기술 훈련 부족은 선진국에서조차 정보능력 증진의 최대 장애요인으로 지적되고 있다. 아울러 각 개인들로 하여금 정보통신기술이 새로운 기회를 제공할 수 있다는 점을 깨닫도록 하는 것도 중요하다. 21세기 정보통신시대에서는 컴퓨터와 인터넷에 대한 접근 여부가 개인이 건전한 사회성원으로서 역할을 할 수 있는지에 결정적 요소가 된다. 따라서 모든 개인들이 정보통신기술에서 소외되지 않도록 정부, 업계, 시민사회, 국제사회가 공동의 노력을 경주해야 할 것이다.

26. 생명공학 관리체제

김 지 준

생명공학에 대한 국제적 관리체제는 형성중인 규범으로서 인간을 포함한 지구상의 모든 생물체에 영향을 미친다. 중요한 것은 관리체제가 현재 생명공학 자체에 대한 제한이 아니라 그 대상을 중심으로 발전하고 있다는 점이다. 우선 인간에 대해서는 인간복제를 금지하는 협약 제정을 협의하기 위하여 유엔 차원에서 제1차 특별위원회가 2002년 2월 뉴욕 유엔 본부에서 개최되었다. 인간을 제외한 대상에 대해서는 생명공학을 이용하여 유전자를 변형시킨 생물체(유전자 변형 생물체)의 국가간 이동을 규율하는 바이오안전성 의정서가 2000년 1월 캐나다 몬트리올에서 채택되었다. 사실상 이 의정서는 모법 성격을 가진 것으로서, 이행을 위하여 추가적인 협상이 정부간위원회에서 2000년부터 2002년 4월까지 세 차례 개최되었으나 쟁점에 대한 합의를 거두지는 못하였다.

인간복제

우선 인간복제금지협약안 마련을 위한 유엔 특별위원회 제1

차 회의 결과에 대하여 살펴보자. 이 회의의 핵심 이슈는 협약의 적용 범위에 치료복제의 포함 여부와 협약에 포함될 구성요소를 마련하는 작업이었다. 특히 협약의 적용 범위에 치료복제를 우선 포함하자는 국가군(프랑스, 독일 등 유럽 국가와 호주, 태국 등)과 치료복제와 개체복제를 모두 규제하자는 국가군(미국, 교황청, 스페인, 이탈리아, 우간다 등)이 강하게 대립하였으며, 어떠한 결론도 내지 못했다.

프랑스와 독일이 협약을 구성할 각종 요소에 대한 제안서를 제출하였으나 일부 선진국을 제외하고는 대부분의 국가가 주로 논의 동향을 파악하는 수준이었다. 특히 선진국 그룹 내에서도 미국과 카톨릭 전통이 강한 이탈리아와 스페인이 나머지 대부분의 유럽 국가와 치료복제에 대하여 심하게 대립하였다. 이런 상황에도 불구하고 제1차 회의를 통하여 인간복제 문제에 대한 국제적 관리체제나 규범을 정립할 필요성에 대하여 국제적인 공감대가 형성되어 있음을 확인하였고, 향후 본격적인 논의가 진행될 것으로 예상된다. 이 과정에서 인간복제의 과학·기술적인 면, 인권과 관련된 규범적이고 윤리적인 면, 종교적이고 문화적인 관점, 선진국과 개도국 간 남북 문제를 고려하는 보다 종합적이고 총괄적인 접근이 필요할 것으로 보인다.

유전자 변형 생물체

유전자 변형 생물체(LMOs : Living Modified Organisms)에 대한 관리는 생산 자체의 규제보다는 무역을 중심으로 규제하여 관련된 각종 부작용을 해결하는 방향으로 진행되고 있다. 당초 바이오안정성 의정서는 1996년 이후 1999년까지 6차례의 실무협상 후 1999년 2월 콜롬비아 카르타헤나에서 개최된 생물다양성협약[204] 특별당사국총회에서 채택될 예정이었으나, 농산물 수출국과 수입국들의 이견 대립으로 결렬되었다. 그후 2000년 1월 몬트리올에서 개최된 특별당사국회의에서 의정서가 채택되었다.

바이오안전성 의정서는 현대 생명공학기술(modern biotechnology)에 의해 만들어진 농산물과 의약품을 제외한 유전자변형 생물체의 국가간 이동시 사전통보 합의절차(AIA : Advance Informed Agreement)를 규정하고, 환경 및 인체건강에 미칠 위해성을 방지하며 안전성을 확보하기 위하여 제정된 생물다양성협약의 부속서이다. 여기서 유전자 변형 생물체란 "현대 생명공학을 이용하여 얻어진 새로운 유전물질의 조합을 포함하고 있는 모든 살아 있는 생물체"를 의미한다. 또한 '현대 생명공학'의 개념을 DNA 재조합 및 핵산의 세포 또는 생물체에의 직접적인 주입을 포함하는 시험관 내 핵산기술이라 정의하고 있다. 이는 분류학적인 과의 범위를 넘는 세포의 융합으로 자연 상태의 생리적 재생산 또는 재조합 장벽을 넘어서고 전통적인 교배와 선택에 사용되지 않는 기술을 적용한 것을 의미한다.

한편 의정서는 LMOs를 사용 목적에 따라 1)환경 방출용

---

204) 생물다양성협약은 생물 다양성의 보전, 생물자원의 지속 가능한 이용, 유전자원의 이용으로부터 나오는 이익의 균등 배분, 생명공학기술에 대하여 각종 권리 의무사항을 규정한 국제환경협약이다(1992년 5월 케냐에서 채택).

및 기타 LMOs, 2)식용·사료용·가공용 LMOs, 3)밀폐사용 LMOs, 4)인체 의약품용 LMOs로 구별하고 있다. 이중 인체 의약품용 LMOs는 WHO에서 다루어지고 있어 의정서 적용대상에서 제외된다. 환경 방출용 및 기타 유전자 변형 생물체(LMOs for intentional introduction into enviroment and any other LMOs)에는 주로 농산물 종자, 미생물 농약, 환경 정화용 미생물이 포함되며, 이 LMOs는 수입국의 환경에 직접 방출되어 생태계 교란과 같은 직접적 위해를 초래할 수 있다. 따라서 이러한 종류 LMOs의 국가간 이동에는 수입국의 사전승인을 필요로 하는 엄격한 사전통보 합의절차가 적용되며, 취급·운송·포장에도 철저한 안전조치가 취해져야 한다.

식용·사료용·가공용 유전자 변형 생물체(LMOs-FFP : LMOs for Food, Feed and Processing)는 유전자 변형 농산물의 대부분을 차지하며, 수입국이 국내법 체계를 통해 사전통보 승인절차에 준하는 절차의 적용을 요구할 수 있다. 수입국의 결정 절차에 따라 도입되는 LMO-FFPs는 취급·포장·운송시에 환경에 방출되지 않도록 안전조치가 취하여져야 하며, 선적서류에는 LMOs 포함 가능성을 명기하여야 한다. 다만 LMOs의 특성, 성분 등 상세 명기사항은 의정서 발효 후 2년 이내에 당사국들이 결정키로 하였다. 밀폐사용 목적의 유전자 변형 생물체(LMOs for contained use)는 연구목적으로 사용되는 LMOs 등 환경에 방출될 위험성이 적은 LMOs를 지칭하는 것으로 수입시에 사전통보 합의절차가 적용되지는 않으나, 포장·운송시에 안전조치가 취해져야 하며,

선적서류에 LMOs임이 명기되어야 한다.

무역에서 수출입국간 적용되는 사전통보합의는 LMOs의 교역에 적용되는 절차로서 수출국이 제공한 정보를 기초로 수입국이 LMOs의 위해성을 평가한 후 수입 허용 여부 등을 결정하는 절차를 말하며, 수출국의 수출 통보(notification), 수입국의 접수 확인, 위해성 평가(risk assessment), 수입 여부 결정, 수출국에 대한 통보의 5단계로 구성된다.

의정서는 생물다양성협약 제5차 당사국총회(2000.5)부터 1년간 서명이 개방된 후, 50개국이 비준한 날부터 90일 후에 발효될 예정이다. 2002년 8월 현재 22개국과 유럽 연합(각국이 국내 비준 진행중)이 비준하여 2003년 중반경 50개국 이상의 비준으로 발효가 예상된다. 비준이 되어도 구체적인 의정서의 이행을 위해서는 의정서가 규정한 각 제도의 구체적인 방안은 각국이 협상을 통하여 정립하여야 한다.

이와 관련하여 최근 2002년 4월 헤이그에서 개최된 바이오 안전성 의정서 제3차 정부간위원회에서는 의무준수 절차와 메커니즘 잠정안, 책임과 복구에 대한 논의 절차, 유전자 변형 생물체의 취급·운송·포장·표시요건 등 의정서의 이행에 필요한 주요 이슈가 논의되었다. 그러나 LMOs의 수입국과 수출국 간 이해대립으로 가시적인 성과를 거두지 못하고 향후 의정서 발효[205] 후 개최될 특별총회나 제1차 당사국회의에서 주요 사항을 결정하기로 미루었다. 그렇지만 LMOs 관련 정보를 종합 처리하고 이를 국제적으로 공유하기 위하여 설립,

---

205) 현재까지 17개국이 비준하였으며 2003년 4월까지 60여 개 국이 비준할 예정이다.

시범운영중인 정보처리 센터(Biosafety Clearing House)는 각국의 적극적인 협력과 참여로 조만간 정식으로 운영될 것으로 예상된다.

유전자 변형 생물체가 환경에 미치는 영향 중 가장 큰 것은 강력한 환경 적응력으로 유사한 종을 생태계에서 도태시켜 생물다양성을 감소시킬 수 있다는 것이다. 이러한 위험성에 대한 대비 문제는 생물다양성협약 제19조에 잘 나타나 있다.

특히 제19조 제3항은 생물 다양성의 보존과 지속 가능한 이용에 악영향을 미칠 수 있는 유전자 변형 생물체에 대한 안전 확보를 목적으로 하는 의정서를 만들 것을 규정하고 있으며, 이를 구체화한 것이 바로 바이오안전성 의정서이다. 생물다양성과 관련하여 문제는 의정서가 요구하는 사전통보 합의 제도와 이에 대한 관리체계가 완전히 환경 방출 가능성을 막을 수 있느냐는 것이다. 유럽 연합은 이를 우려하여 추적제도와 고유표시제206) 등을 추가로 도입할 계획이며 이를 통하여 보다 철저한 관리를 기도하고 있으나 수출국의 강한 반발에 부딪쳐 있다.

---

206) 추적제도는 LMOs에 특별한 고유번호를 부여하여 포장, 유통, 소비 등 전 과정에서 그 포함 여부를 인식 가능토록 하는 제도로, 그 대상을 특별히 표시하는 고유한 표시제도가 사전에 정착되어야 한다.

27. 고령화 사회와 이주

유 창 호

20세기 과학의 발전과 세계화의 심화는 인구·사회적인 측면에도 커다란 변화를 가져왔다. 대표적인 현상으로 세계인구의 고령화 추세와 국경을 넘는 노동력의 이동 확대를 꼽을 수 있다. 이 두 가지 현상은 한 사회의 생산활동 양태를 변화시키는 동시에 경제 전반의 지속적인 성장 문제와도 직결되어 있다. 아울러 두 현상은 밀접히 연관되어 있는데, 일례로 고령 인구가 다수를 차지하는 사회에서는 일정한 생산 수준을 유지하기 위해서 외부로부터 노동력을 유입하여야만 하는 문제가 생긴다.

먼저 인구의 고령화와 관련된 문제에 대해 살펴보자. 1960~70년대에 비해 여성의 사회적 지위 상승과 전반적인 사회적 가치관의 변화로 출산율(fertility rate)207)이 감소하였고, 기술과 의약의 발달로 평균수명(life expectancy)이

---

207) 우리나라만 봐도 출산율(15~44세 사이에 있는 여성이 출산할 수 있는 기간 동안 실재 출산하는 비율이며 출생률(birth rate : 인구 1000명 단위로 나뉘어 출생되는 비율)과는 구분이 된다)이 1960년에 6.0%, 1970년에 3.8%, 1980년에 2.8%, 1990년에 1.59%, 1999년에 1.42%로 감소하였다.

길어져 인구가 점차 고령화되고 있다. OECD 회원국들의 경우 향후 50년 동안 노동인구(20~64세) 대비 고령자의 비율이 두 배로 증가할 것이라고 예측되고 있다. 특히 많은 국가에서는 현재 전체 고령 인구의 25%밖에 안 되는 80세 이상의 고령자가 2050년에는 40%에 이를 것으로 전망되고 있다.[208] 뿐만 아니라 높은 실업률을 해결하고 노동력의 효율성을 높이기 위해 최근까지 권장되어 온 조기퇴직정책들로 인해 앞으로 노동력 감소 추세는 더욱 가속화될 것이라는 우려도 제기되고 있다.

사회가 고령화되면 전반적인 노동력 감소로 경제의 생산력이 저하될 뿐만 아니라 연금 지출 및 보건복지비용 등 사회적 비용이 증가하여 국가 경제에 큰 부담을 준다. 뿐만 아니라 고령인구를 수용할 수 있는 시설의 구비 문제가 발생하기도 한다. 이러한 문제에 대비하는 것은 쉬운 일이 아닌데, 그 이유는 고령화 문제의 특징에서 비롯된다. 고령화는 당장 발생해서 즉시 해결할 수 있는 문제가 아닌 것이다. 이 현상이 사회적으로 표면화되기에는 많은 시간이 걸리고, 따라서 이러한 문제를 해결하기 위해서는 장기간에 걸쳐 대응책이 마련되어야 한다. 그러나 정부의 정책은 단기적 차원에 머무르는 경향이 있기 때문에 고령화 문제에 대한 대응은 정책 우선순위에서 뒤질 가능성이 많다.

고령화 추세에 대비하기 위한 대응책으로 아래 몇 가지가 거론되고 있다.[209] 첫째, 고령인력 활용정책이다. 시대가 급

---

208) <Policies for an Ageing Society : Recent Measures and Areas for Further Reform>, OECD, Mar 4, 2002.
209) 유럽은 고령화현상을 일찍부터 인식하고 1980년대부터 OECD를 통

속하게 변화하고 특히 정보통신기술 발달로 노동시장이 새로운 기술과 전문성을 요구하는 상황에서는 교육·트레이닝 프로그램 등 고령인력을 활용할 수 있는 정책이 필요하다. 둘째, 조기퇴직 추세를 막기 위해 가급적 직장을 유지할 수 있는 동기(incentive)를 부여하는 정책이다. 셋째, 전반적인 재정 및 연금제 개선 정책이다. 고령화를 통해 생산인구가 감소하게 되면 납세자도 자연스럽게 줄게 되고 반면에 공공혜택 수요자는 많아지게 되기 때문에 이에 대비한 건전한 재정 및 연금체제가 필요하다. 넷째, 보건복지정책의 개선이다. 고령화에 대비한다는 것은 현 시스템을 건전하게 만들어 고령화가 현실화될 때 지출되는 사회비용을 최소화시키자는 것이며, 인구가 고령화되면 당연히 가장 큰 비용은 보건복지비용일 것이므로 이에 대한 정책을 미리 튼튼하게 만들 필요가 있다.

한편, 20세기 말 또다른 인구구조의 변화는 국제이주 증대현상이다. 상품과 서비스 무역의 자유화와 시장경제로의 전환에 따라 세계화 현상은 노동력의 이동 증가를 낳고 있다. 1980년대부터 1990년대 초 사이에 중·동유럽 국가들의 정치체제 변화로 망명 신청자들이 많아지면서, 그리고 아시아 국가들이 급속한 경제성장으로 이주자들을 대거 수용하면서 국제이주는 이제 세계적인 현상이 되었다. 물론 이주 수용국(host country)들의 대응책으로 1990년대 후반부터는 합법적 이주율이 정체되었고 오히려 한동안 하락 추세를 보이기도

해 논의해 오고 있다. 그간에는 고령화현상에 대응할 수 있는 정책개발에 주력해 왔으며, 이제는 각국의 정책사례들을 검토하고 있는 중이다. 고령화 문제는 크게 네 가지 측면에서 연구된다. ①고령화의 경제적 영향 ②고령노동력 ③연금 ④고령화의 사회적 영향

하였다.210) 그러나 1997년부터 사회 고령화현상과 정보통신 분야에 있어서 노동력 부족으로 저렴한 고급인력이 필요해짐에 따라 수용국가들은 이주정책을 변경하였으며, 이에 따라 국제이주 추세가 부활하게 되었다. 이제는 송출국(country of origin)도 예전보다 다양해져 이러한 현상은 더욱 광범위해졌다.

그렇지만 불법 체류자와 이주에 따르는 경제·사회적 문제도 만만치 않다. 첫째, 국제이주에 대한 정책을 효율적으로 수행하기 위해서는 국제이주가 임금체제, 고용, 공공 금융과 생산성 등 경제적 측면에 미치는 영향이 제대로 분석되어야 한다. 하지만 국제이주가 경제에 미치는 영향은 이주 행태, 송출국가와 수용국가의 경제적 특성 등 다양한 요소들에 의해 좌우되기 때문에 전반적인 흐름이나 모델을 제시하기가 어려우며 개별 국가마다 받는 영향의 형태도 무척 다르다.

둘째, 국제이주의 가장 큰 사회적 문제는 바로 사회적 통합(social integration)이다. 특히 대부분 수용국가인 OECD 회원국들은 이주자들을 위한 교육 프로그램, 지원 센터 등 사회적 통합을 위한 정책과 인종차별에 대한 처벌조항 강화 등 전반적인 사회 융합을 위한 대책을 마련하고 있다. 하지만 이주자들이 수용국가 국민의 일자리를 빼앗는다는 인식이 커지고 이주자들의 범죄율도 높아지면서 프랑스, 네덜란드, 오스트리아에서는 이주자들을 받아들이지 말자는 과격파들이 정치적으로 힘을 얻어 가고 있으며, 사회 통합에 대한 잠재적 위

---

210) <Trends in International Migration, Annual Report 1996>, OECD, p11.

협요인이 되고 있다.211)

 셋째, 국제이주 중 고급인력(highly skilled labour)의 이동은 다른 노동력 이동과는 다른 차원의 경제·사회적 문제를 발생시킨다. 고급기술 노동력의 이동은 높은 부가가치 상품 또는 서비스를 생산할 수 있는 인력의 이동을 의미하기 때문에 특히 송출국가에게 치명적인 영향을 미친다. 대체로 고급인력 이동의 동기는 더 높은 소득과 보다 나은 업무환경이므로 흔히 개도국에서 선진국으로 이동이 일어나며, 장기적으로 볼 때는 개도국에 있어 사회 발전의 기여도가 높은 고급인력의 고갈(brain drain)을 초래, 빈부격차를 심화시키는 요인이 될 수 있다.

 고령화 사회와 국제이주는 인구구조의 변화를 통해 경제·사회적 현상들을 유발시킨다는 데 공통점이 있으나 상이한 점들도 많다. 먼저 고령화는 반경제적인 현상이다. 즉, 노동력을 약화시키고 사회복지비용을 증가시키기 때문에 일반적으로 경제에 부담을 주는 현상이다. 반면 국제이주는 젊거나 전문적인 인력을 보충할 수 있고, 고령화현상을 보완시켜 줄 수 있으므로 경제에 필요한 조치가 될 수 있다. 또한 고령화는 문제의 발생과 이에 대한 대응책을 준비하는 데 오랜 시간이 걸리는 특징을 갖고 있다. 반면 국제이주의 경제·사회적 현상

---

211) The Economist(2002.5.11~17, How Sick is Europe?)는 유럽에서 이주에 대한 반대파가 정치적으로 성장하였으나 전반적으로 현상 자체가 과장된 면이 있으며, 유럽의 경제가 약해진 이유는 이주와 상관없는 노동시장과 사회복지제도의 경직성에서 찾을 수 있다고 언급하고 있다. 그러나 일반 국민의 불만이 이주자들을 대상으로 분출된다는 것 자체가 사회 통합 실현의 어려움을 여전히 얘기해 주고 있다.

은 비교적 단기에 나타나며, 국제이주가 한 사회의 부족한 인력을 보충할 경우 오히려 장기적인 사회·교육정책의 방편으로도 사용될 수 있다. 그리고 고령화는 많은 국가들이 공통으로 겪고 있다는 면에서 국제적인 현상이라고 할 수 있겠으나, 그 영향 자체는 국내에 국한되어 있다. 이에 비해 국제이주는 많은 국가들이 공통으로 경험하고 있는 현상이기는 하나 수용국가와 송출국가 간 대립을 유발할 수 있다는 면에서 진정한 국제현상이라고 할 수 있다.

현재 한국은 OECD 회원국 중에서 가장 많은 젊은 인구를 보유하고 있는 국가 중 하나이지만, 앞으로 심각한 고령화현상을 겪을 전망이다. OECD 전망에 따르면 50년 후 한국은 OECD 회원국들의 평균 고령인구율을 크게 넘을 것이라고 한다.212) OECD는 2001년 고령화 문제에 초점을 맞추어 우리 경제에 대한 검토 보고서를 작성하였다. 이 보고서는 먼저 우리 사회 고령화의 심각성을 지적하고 우리 정부가 1998년부터 실시하고 있는 국민연금제도가 문제점이 많다고 지적하였다. 이를 개선하기 위한 방안으로 국민연금의 체계적인 개혁과 민간저축의 역할을 강화하는 다층연금체제의 도입을 권고하였다.213)

---

212) 현재 한국의 노인부양 비율은 OECD 회원국 중 하위 3위이지만 2050년에 이르러서는 상위 6위가 될 것으로 예상된다. <OECD Economic Surveys : Korea>, 2001. 9월, p79.

213) ibid. p17~19. 우리 국민연금의 문제점으로 지적된 것은 첫째, 연금에 대한 공공지출이 너무 높고, 둘째, 국민연금 참여도가 너무 낮으며, 셋째, 퇴직금의 소득대체율을 90%로 잡아 매우 높은 편이고, 넷째, 국민연금과 지역연금이 제대로 연계되어 있지 않아 노동 이동성을 저해한다는 것이었다.

국제이주와 관련하여 우리나라의 경우 전체 노동 인구중 합법 외국 근로자가 0.4%밖에 안 되어(OECD 평균은 6.9%[214]) 아직까지는 큰 문제점이 발견되지 않고 있다. 다만 전체 노동인구의 1.42%를 차지하는 전체 외국 근로자 중 불법 체류자가 2/3를 상회하고, 그 중 반 이상이 중국에서 건너온 노동자라는 점에서 정부 차원의 대응이 요망되고 있다.[215]

---

214) <Trends in International Migration, SOPEMI 2001>, OECD, p54.
215) 2001. 3월 기준, 보건복지부

집필에 참여한 사람들

- **이 경 렬** (현재 외교통상부 경제기구과장)

  1962년생/서울대학교 경제학과, UPEN 국제정치학 석사
  - 1, 2, 3, 4, 5장 집필

- **박 홍 경** (현재 외교통상부 환경협력과 근무)

  1962년생/서강대 정외과, 뉴욕 주립대 정치학 석사
  - 22장 집필

- **이 형 종** (현재 외교통상부 경제기구과 근무)

  1964년생/서울대학교 외교학과, Dublin 대학 EU연구소 경제학 석사
  - 11, 25장 집필

- **권 태 용** (현재 주OECD 대표부 근무)

  1969년생/연세대학교 경영학과, 서울대학교 대학원 경영학 석사,
  한국은행 국제국·조사국 근무, 현재 외교통상부 경제기구과 파견근무
  - 6, 8, 12장 집필

- **서 상 표** (불란서, 미국 연수)

  1965년생/서울대학교 신문학과
  - 9, 10, 13, 23장 집필

- **유 창 호** (현재 런던 정경대 법학석사 과정)

  1972년생/연세대학교 법학과, 외교통상부 경제기구과 근무
  - 14, 27장 집필

- **견 종 호** (현재 외교통상부 경제기구과 근무)
  1970년생/서울대학교 불문학과, Columbia 대학교 국제대학원 석사
  - 7, 16, 17, 18장 집필

- **최 영 배** (현재 외교통상부 경제기구과 근무)
  1974년생/성균관대학교 행정학과,
  Georgetown 대학교 국제대학원 석사,
  - 20장 집필

- **박 종 한** (현재 외교통상부 세계무역기구과 근무)
  1969년생/서울대학교 독문학과, Columbia 대학교 국제대학원 석사
  - 15장 집필

- **최 재 하** (현재 북경어언문화대학 연수)
  1971년생/연세대학교 경제학과, 외교통상부 경제기구과 근무
  - 19, 24장 집필

- **김 지 준** (현재 외교통상부 환경협력과 근무)
  1968년생/서울대학교 불문학과, 불란서, 미국 연수
  - 26장 집필

- **이 동 규** (현재 주OECD 대표부 근무)
  1964년생/연세대학교 정외과, 런던 정경대 환경법과정 수료
  - 21장 집필

서문문고 목록

001~303

◆ 번호 1의 단위는 국학
◆ 번호 홀수는 명저
◆ 번호 짝수는 문학

156 임어당 에세이선 / 임어당
157 신정치행태론 / D.E.버틀러
158 영국사 (상) / 모로아
159 영국사 (중) / 모로아
160 영국사 (하) / 모로아
161 한국의 괴기담 / 박용구
162 윤손 단편 선집 / 윤손
163 권력론 / 러셀
164 군도 / 실러
165 신역 주역 / 이기석
166 한국 한문소설선 / 이민수 역주
167 동의수세보원 / 이제마
168 좁은 문 / A. 지드
169 미국의 도전 (상) / 시라이버
170 미국의 도전 (하) / 시라이버
171 한국의 지혜 / 김덕형
172 감정의 혼란 / 쯔바이크
173 동학 백년사 / B. 웜스
174 성 도밍고성의 약혼 / 클라이스트
175 신역 시경 (상) / 신석초
176 신역 시경 (하) / 신석초
177 베를레르 시집 / 베를레르
178 미시시피씨의 결혼 / 뒤렌마트
179 인간이란 무엇인가 / 프랭클
180 구운몽 / 김만중
181 한국 고시조사 / 박을수
182 어른을 위한 동화집 / 김요섭
183 한국 위기(圍棋)사 / 김용국
184 숲속의 오솔길 / A.시티프터
185 미학사 / 에밀 우티쯔
186 한중록 / 혜경궁 홍씨
187 이백 시선집 / 신석초
188 민중들 반란을 연습하다
　　／ 권터 그라스
189 축혼가 (상) / 샤르돈느
190 축혼가 (하) / 샤르돈느
191 한국독립운동지혈사(상)
　　／ 박은식
192 한국독립운동지혈사(하)
　　／ 박은식
193 항일 민족시집/안중근외 50인
194 대한민국 임시정부사 /이강훈

195 항일운동가의 일기/장지연 외
196 독립운동가 30인전 / 이민수
197 무장 독립 운동사 / 이강훈
198 일제하의 명논설집/안창호 외
199 항일선언·창의문집 / 김구 외
200 한말 우국 명상소문집/최창규
201 한국 개항사 / 김용욱
202 전원 교향악 외 / A. 지드
203 직업으로서의 학문 외 / M. 베버
204 나도향 단편선 / 나빈
205 윤봉길 전 / 이민수
206 다니엘라 (외) / L. 린저
207 이성과 실존 / 야스퍼스
208 노인과 바다 / E. 헤밍웨이
209 골짜기의 백합 (상) / 발자크
210 골짜기의 백합 (하) / 발자크
211 한국 민속약 / 이선우
212 젊은 베르테르의 슬픔 / 괴테
213 한문 해석 입문 / 김종권
214 상록수 / 심훈
215 채근담 강의 / 홍응명
216 하디 단편선집 / T. 하디
217 이상 시전집 / 김해경
218 고요한물방아간이야기
　　／ H. 주더만
219 제주도 신화 / 현용준
220 제주도 전설 / 현용준
221 한국 현대사의 이해 / 이현희
222 부와 빈 / E. 헤밍웨이
223 막스 베버 / 황산덕
224 적도 / 현진건
225 민족주의와 국제체제 / 힌슬리
226 이상 단편집 / 김해경
227 심략신강 / 강무학 역주
228 굿바이 미스터 칩스 (외) / 힐튼
229 도연명 시전집 (상) /우현민 역주
230 도연명 시전집 (하) /우현민 역주
231 한국 현대 문학사 (상)
　　／ 전규태
232 한국 현대 문학사 (하)
　　／ 전규태
233 말테의 수기 / R.H. 릴케